LE FRANÇAIS LES MOTS CROISÉS

édition photocopiable

1 niveau élémentaire

ELI

P.O. Box 6 - Recanati - Italy
Tel. +39/071/75 07 01 - Fax +39/071/97 78 51 - E-mail: eli@fastnet.it

Imprimé en Italie - Tecnostampa - Loreto 00.83.442.0

ISBN **88 - 8148 - 559 - 1**

SOMMAIRE

INTRODUCTION

Beaucoup d'enseignants se posent la question suivante : " *Comment pouvons-nous aider les étudiants à mémoriser les mots nouveaux et à les utiliser de façon automatique et spontanée ?* " Les deux volumes du *français par les mots croisés EDITION PHOTOCOPIABLE* sont nés de la nécessité de donner une réponse efficace à cette question. Fruits de la refonte de notre série bien connue *Le français par les mots croisés*, ils veulent être un nouveau support, claire et souple, adapté aux exigences des enseignants et des étudiants, de tous âges, de **niveau linguistique élémentaire** et **intermédiaire**. L'association mot-image est, à cette fin, particulièrement efficace, puisque l'image rappelle instantanément à la mémoire le mot illustré et ne crée pas d'équivoques dans la compréhension.
La structure particulière du *français par les mots croisés EDITION PHOTOCOPIABLE*, de caractère purement visuel, facilite la mémorisation, constitue à long terme un soutien efficace pour la mémoire et aide à éliminer tout doute sur des questions orthographiques. Un moyen agréable de dépasser cette " barrière " qui se crée souvent entre le fait de parler une langue et celui de savoir l'écrire.

Les mots et les images du *français par les mots croisés EDITION PHOTOCOPIABLE* ont été retravaillés et réorganisés par thèmes afin de fournir un lexique fondamental de la langue française. ***Un tel lexique est en outre mis à jour et enrichi par la présentation de mots nouveaux, qui complètent les champs lexicaux présentés***. Ceux-ci portent sur tous les aspects de la vie quotidienne, de l'habillement à la nourriture, en passant par la ville et les transports, afin de fournir à vos étudiants le lexique nécessaire pour affronter tout type de communication dans la vie courante. Chacun des deux volumes illustre, avec des dessins clairs et explicites, 240 mots de base, divisés en **12 vocabulaires thématiques illustrés**, qui incluent verbes et adjectifs. À chaque page de vocabulaire, contenant **20 termes illustrés**, correspond une série de **5 grilles de mots croisés**. La première grille présente les dix premiers mots et la seconde les dix autres. La troisième et la quatrième reproposent alternativement les **20 mots**.
La cinquième grille est une synthèse de l'ensemble. Progressivement et de façon ludique, vos étudiants mémoriseront l'orthographe de chaque mot : une façon vraiment agréable d'étudier, basée sur les principes d'autocorrection et de gratification personnelle.

Le français par les mots croisés EDITION PHOTOCOPIABLE est en effet particulièrement utile pour dépasser l'embarras dans lequel, nonobstant le désir d'apprendre une langue étrangère, les étudiants peuvent se trouver face à la nécessité de mémoriser un grand nombre de mots nouveaux, souvent éloignés de la réalité de leur propre langue. Dans ce cas cependant, la présence des images transpose les mots étrangers dans un univers familier aux étudiants, qui, même s'ils ne connaissent pas encore le mot français relatif à l'image, connaissent, par expérience, l'objet illustré.

La clarté et la simplicité de cet instrument vous permettra à vous enseignants de présenter sans effort le nouveau lexique et donnera aux étudiants la satisfaction d'apprendre de façon quasi autonome, sans erreurs ni doutes ce qui a été appris en classe.
Nous présentons ci-dessous quelques activités simples, adaptées tant aux leçons en classe qu'aux devoirs à la maison. Naturellement, il ne s'agit que de suggestions que votre expérience d'enseignants saura utiliser au mieux, en les enrichissant et en les complétant.

Utilisation en classe

1) Photocopier une grille et la distribuer aux étudiants, qui doivent la compléter le plus rapidement possible. Toute erreur d'orthographe sera pénalisée.

2) Cacher une ou plusieurs images : en s'aidant des recoupements entre mots, chaque étudiant devra écrire les mots désignant les images cachées.

3) On peut utiliser comme *flash-card* les images se rapportant à chaque grille. Dans ce cas, l'enseignant indique un dessin et l'étudiant doit écrire le mot correspondant, mais seulement après l'avoir prononcé correctement. En complétant petit à petit la grille, il sera capable de retrouver les mots qui n'auront pas été dits précédemment.

4) Chaque étudiant devra compléter la grille en partant des mots qui commencent par une lettre précise, proposée par l'enseignant, ou bien en fonction de particularités orthographiques

5) L'enseignant pense à un mot mystérieux choisi parmi ceux d'une grille donnée. Si l'étudiant ne le devine pas, il écrit le mot qu'il a proposé dans la grille. Le gagnant est celui qui devine le mot mystérieux au terme du plus petit nombre de tentatives.

6) Ouvrir le volume au hasard et choisir trois mots avec lesquels inventer une histoire brève.

Exercices à faire à la maison

Si on décide d'utiliser *Le français par les mots croisés EDITION PHOTOCOPIABLE* comme devoir à la maison, il est préférable que l'enseignant photocopie et distribue aux étudiants, outre les grilles, la page présentant le vocabulaire illustré.

1) En général, avant de compléter la grille, l'étudiant doit repasser mentalement tous les mots illustrés. S'il ne se rappelle pas d'un mot, il ne se reportera pas au vocabulaire mais tentera de le retrouver en s'aidant des croisements entre mots. Ce n'est qu'alors qu'il vérifiera s'il l'a écrit correctement.

2) L'étudiant peut compléter la grille en fonction de ses goûts personnels : d'abord les mots qui lui plaisent le plus, ceux qui lui semblent plus faciles, plus difficiles, plus intéressants...

3) Si l'étudiant connaît d'autres mots relatifs au thème traité, il les ajoute à la grille en les personnalisant sur la base de sa propre expérience. Il peut aussi ajouter des mots d'autres champs lexicaux qui lui semblent appropriés ; il peut par exemple ajouter le mot *"fleuve"* aux grilles sur la VILLE, si dans sa ville il y a un fleuve ou bien il peut inscrire *"neige"* s'il y neige souvent.

4) Si la grille le permet, l'étudiant peut écrire à côté de chaque mot, un verbe ou un adjectif qui lui semble adapté, en les choisissant parmi ceux présentés dans le volume.

5) Si l'étudiant le souhaite, il peut aussi créer des grilles de son invention avec les mots présentés ou avec d'autres mots, en mettant ensemble des termes qui appartiennent à des vocabulaires illustrés différents.

À vous tous nous souhaitons bon courage et bon divertissement avec *Le français par les mots croisés EDITION PHOTOCOPIABLE.*

LA NATURE

l'arbre

la fleur

la montagne

la colline

le soleil

les nuages

les étoiles

la lune

l'arc-en-ciel

le ciel

le champ

le bois

la cascade

le fleuve

la mer

le lac

l'île

la neige

la pluie

le vent

1

2

3

4

5

6

7

8

9

10

LA NATURE

1

2

3

4

5

6

8

7

9

10

LA NATURE

1

2

3

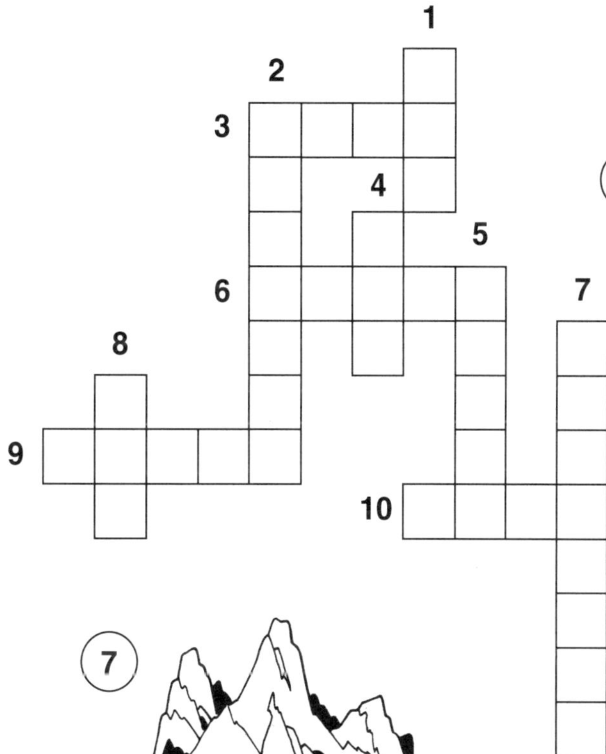

4

5

6

7

8

9

10

1

2

3

4

5

8

6

7

9

10

1

2

3
4

5

6

7

8

9

10

11

12

13

14

15

16

17

18

19

20

LA VILLE

l'école

l'église

l'hôpital

la bibliothèque

le magasin

la banque

le bureau de poste

le cinéma

l'hôtel

le restaurant

la station-service

l'usine

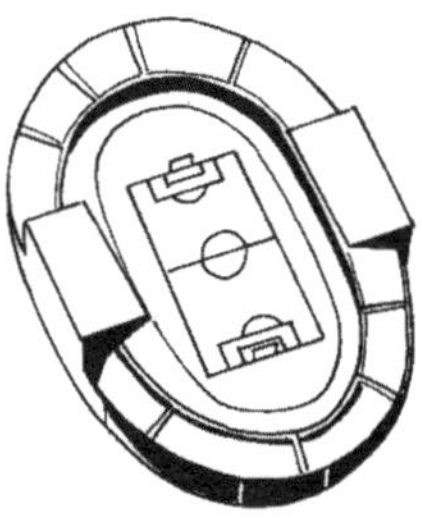
le stade

le parc

la place

la rue

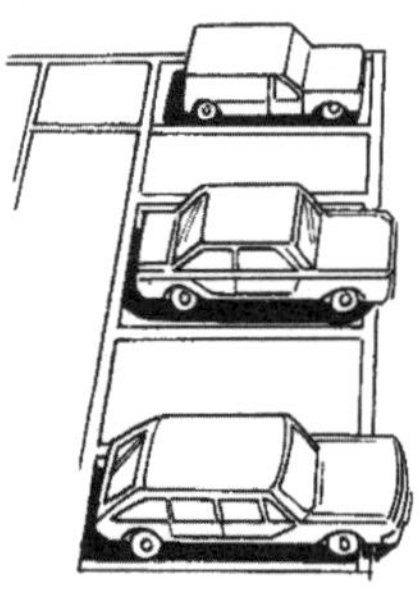
le parking

le feu de signalisation

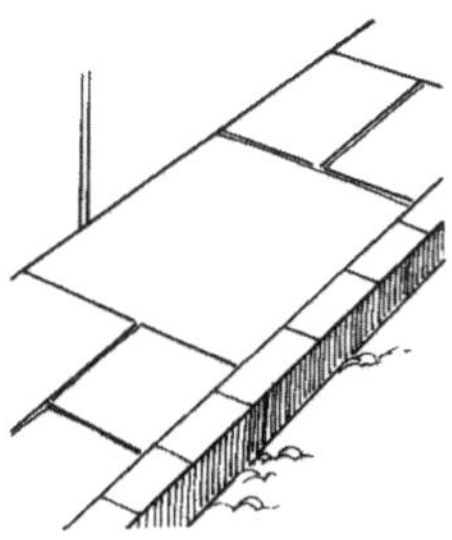
le trottoir

la statue

1

2

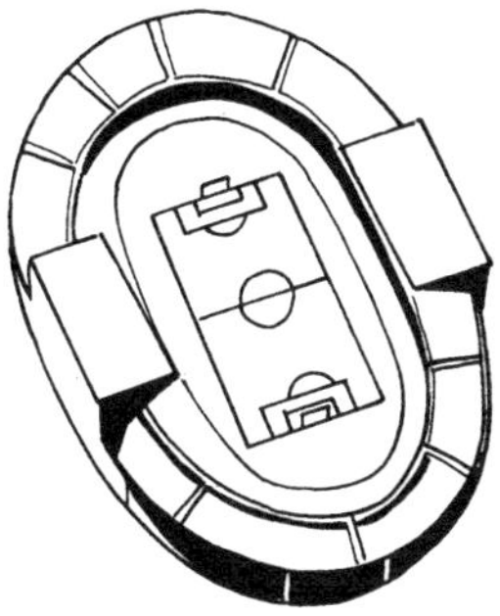

3

4

5

6

7

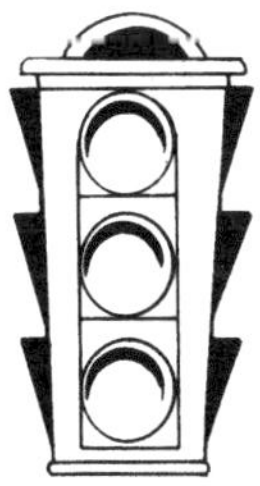

8

9

10

1

2

3

4
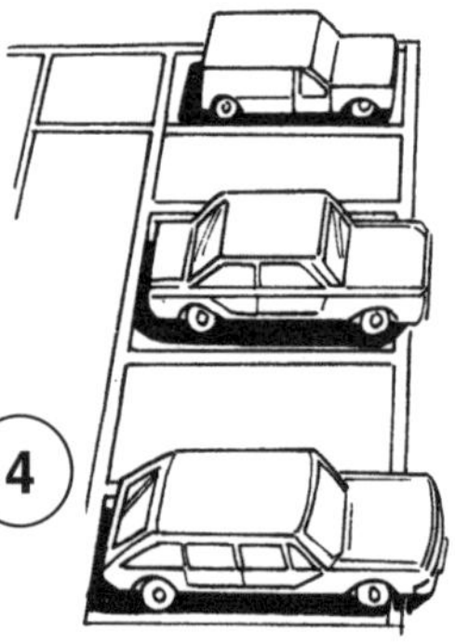

5
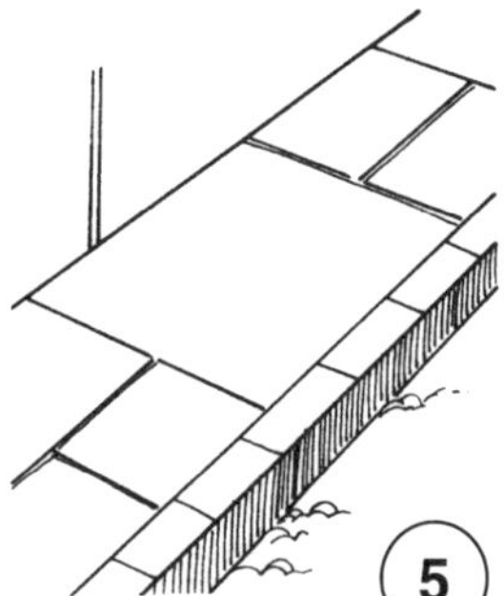

6

7

8

9

10

1

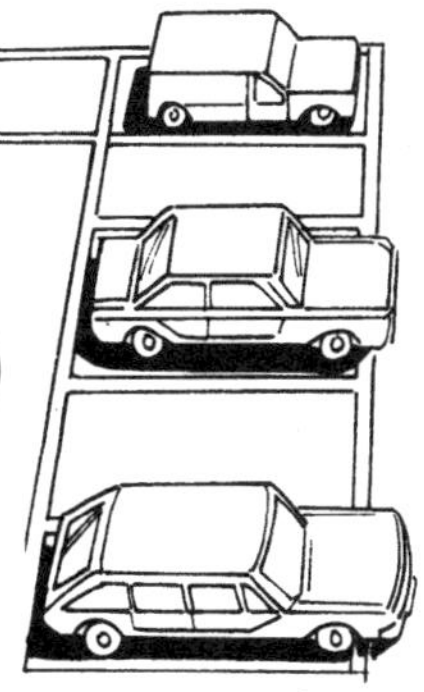

2

3

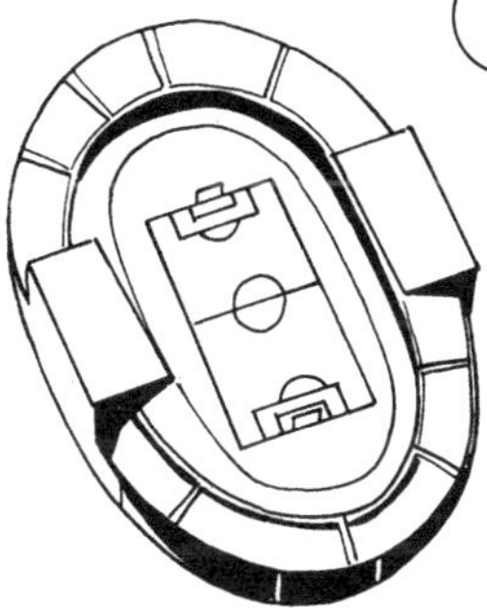

4

5

6

7

8

9

10

1

2

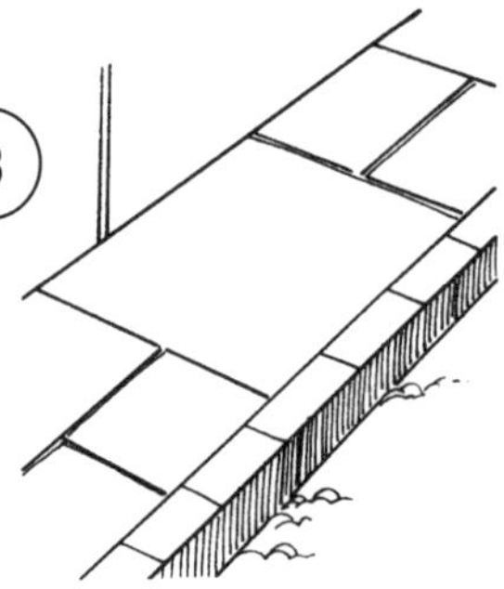

3

4

5

6

7

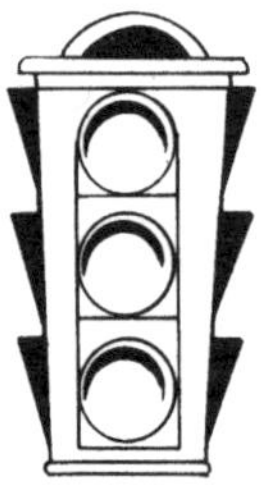

8

9

10

1

2

3

4

5

6

7

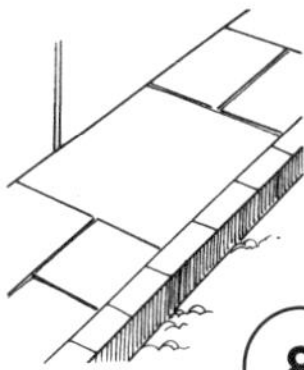
8

9

10

11

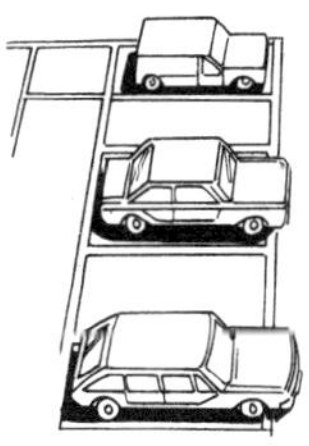
12

13

16

18

20

14

15

17

19
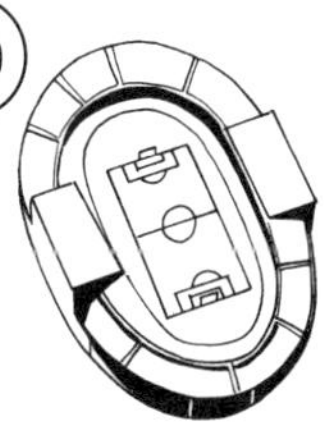

LES MOYENS DE TRANSPORT

la bicyclette

le cyclomoteur

la moto

la voiture

la camionnette

le camion

le tracteur

le taxi

l'ambulance

la voiture de pompiers

l'autobus

le métro

le train

la barque

le canot à moteur

le navire

l'hélicoptère

l'avion

le tramway

la navette spatiale

LES MOYENS DE TRANSPORT 1

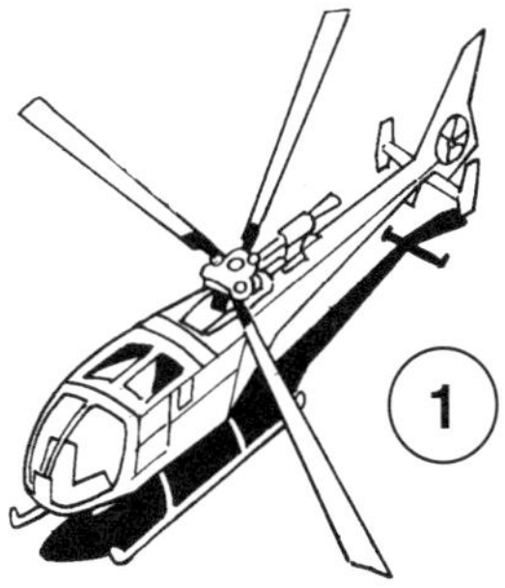

1

2

3

4

5

6

7

8

9

10

1

2

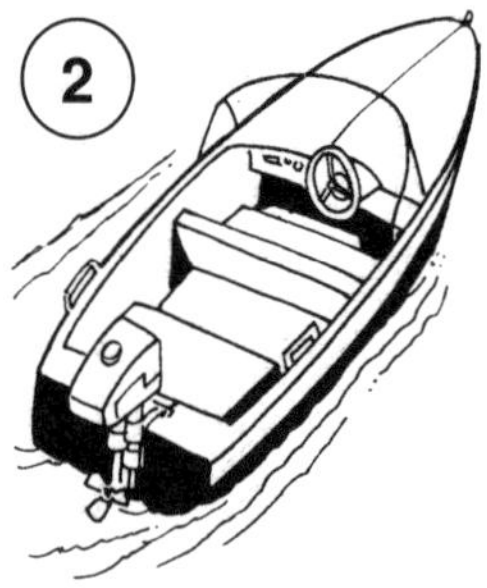

3

4

5

6

7

8

9

10

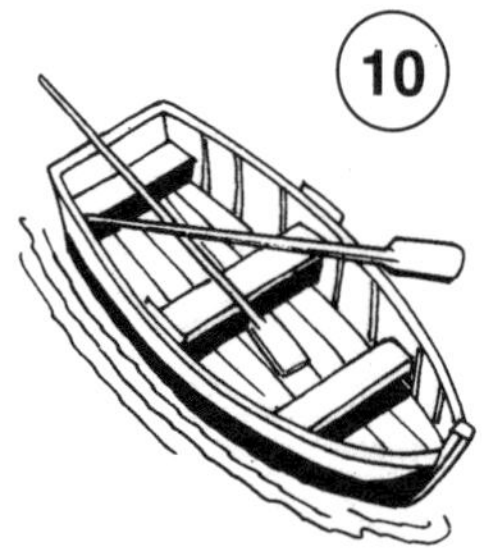

LES MOYENS DE TRANSPORT 3

1

2

3

4

5

6

7

8

9

10

LES MOYENS DE TRANSPORT

1
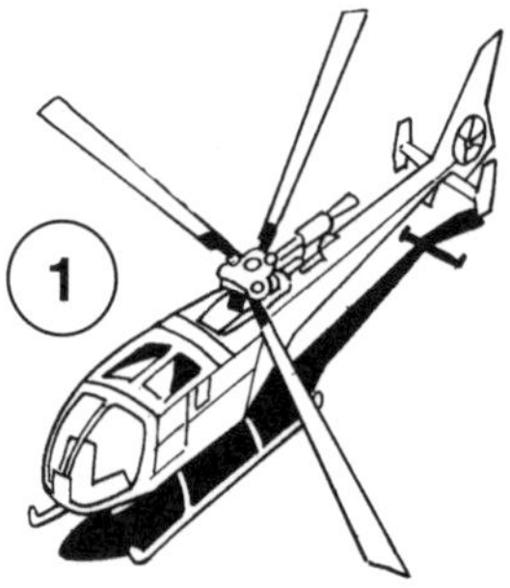

2

3

4

5

6

7

8
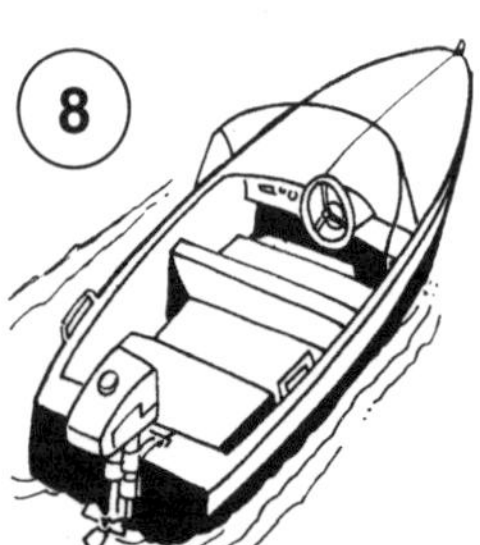

9

10

LES MOYENS DE TRANSPORT 5

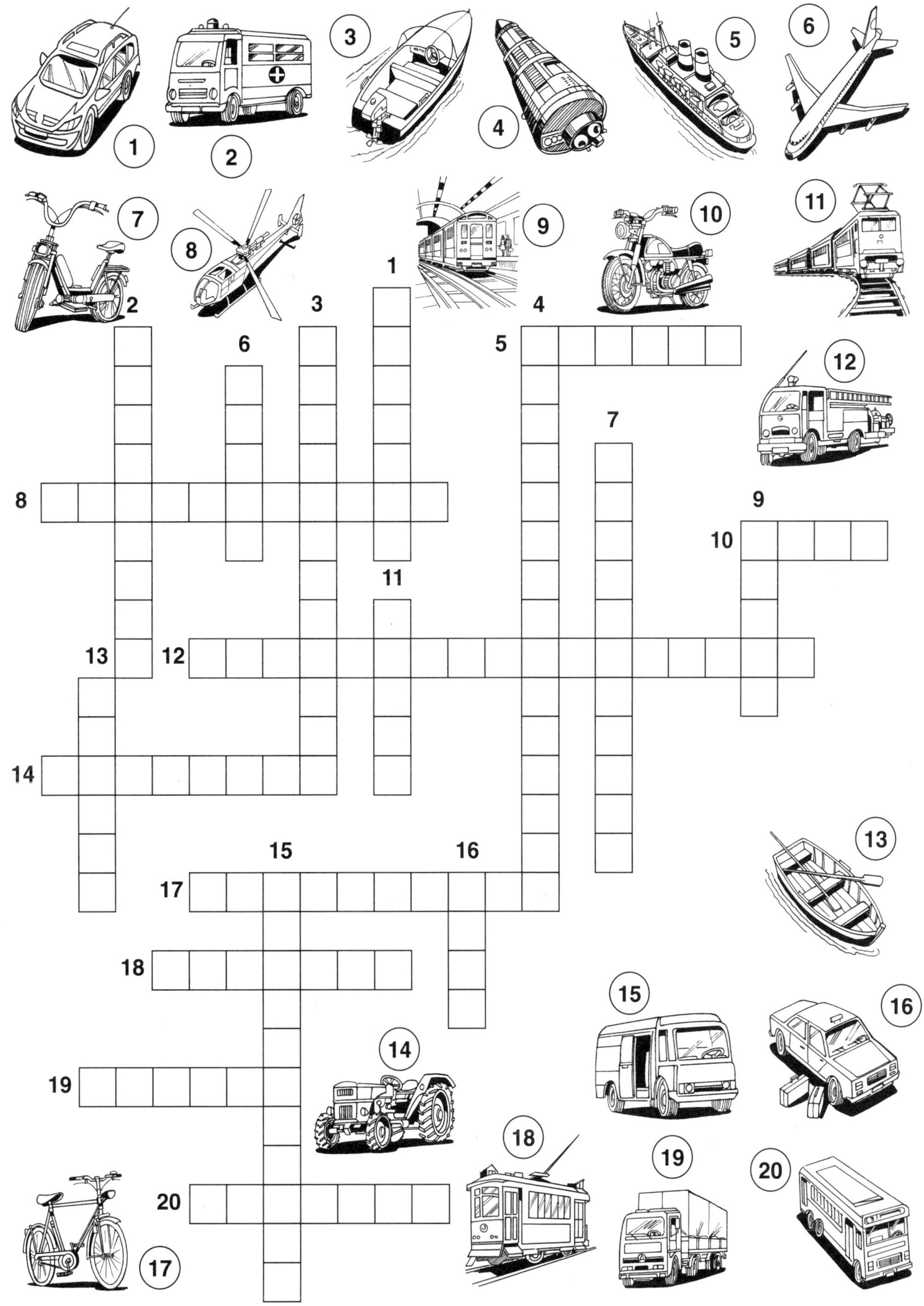

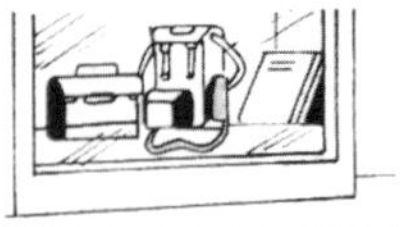

LES MAGASINS

la papeterie

le magasin de fleurs

la bijouterie

la boulangerie

le magasin
de primeurs

la pharmacie

la poissonnerie

le supermarché

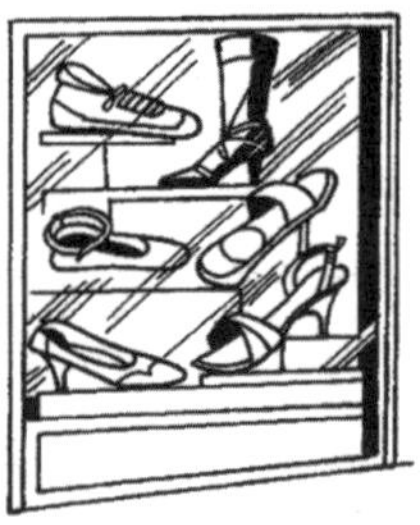

le magasin
de chaussures

la librairie

le magasin d'optique

la boucherie

le magasin
de vêtements

le magasin de jouets

le kiosque à journaux

l'agence de voyages

le bar

le salon de coiffure

l'épicerie

l'atelier de couture

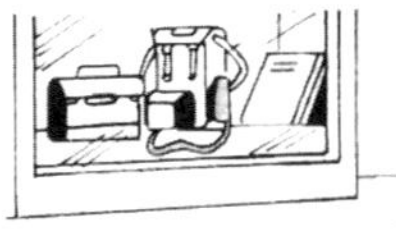

LES MAGASINS

1

2

3

4

5

6

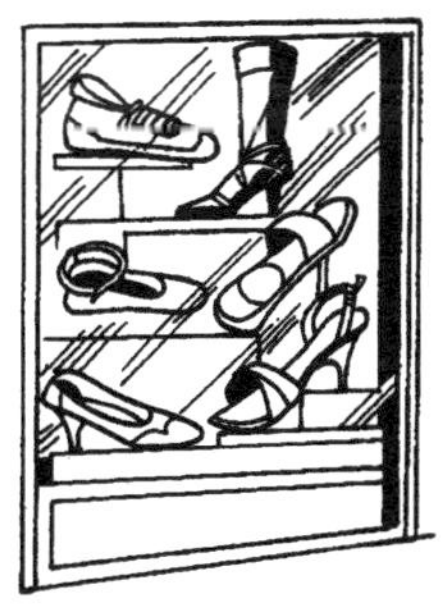

7

8

9

10

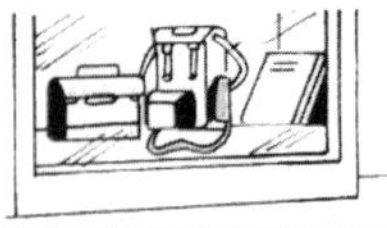

LES MAGASINS

1

2

3

4

5

6

7

8

9

10

1

2

3

4

5

6

7

8

9

10

1

2

3

4

5

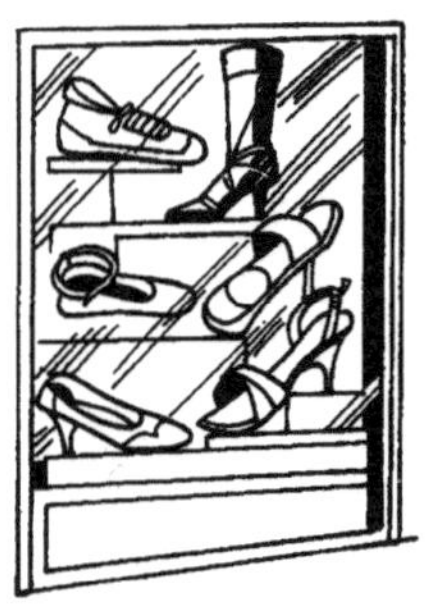
6

7

8

9

10

1

2

3

4

5

6

7

8

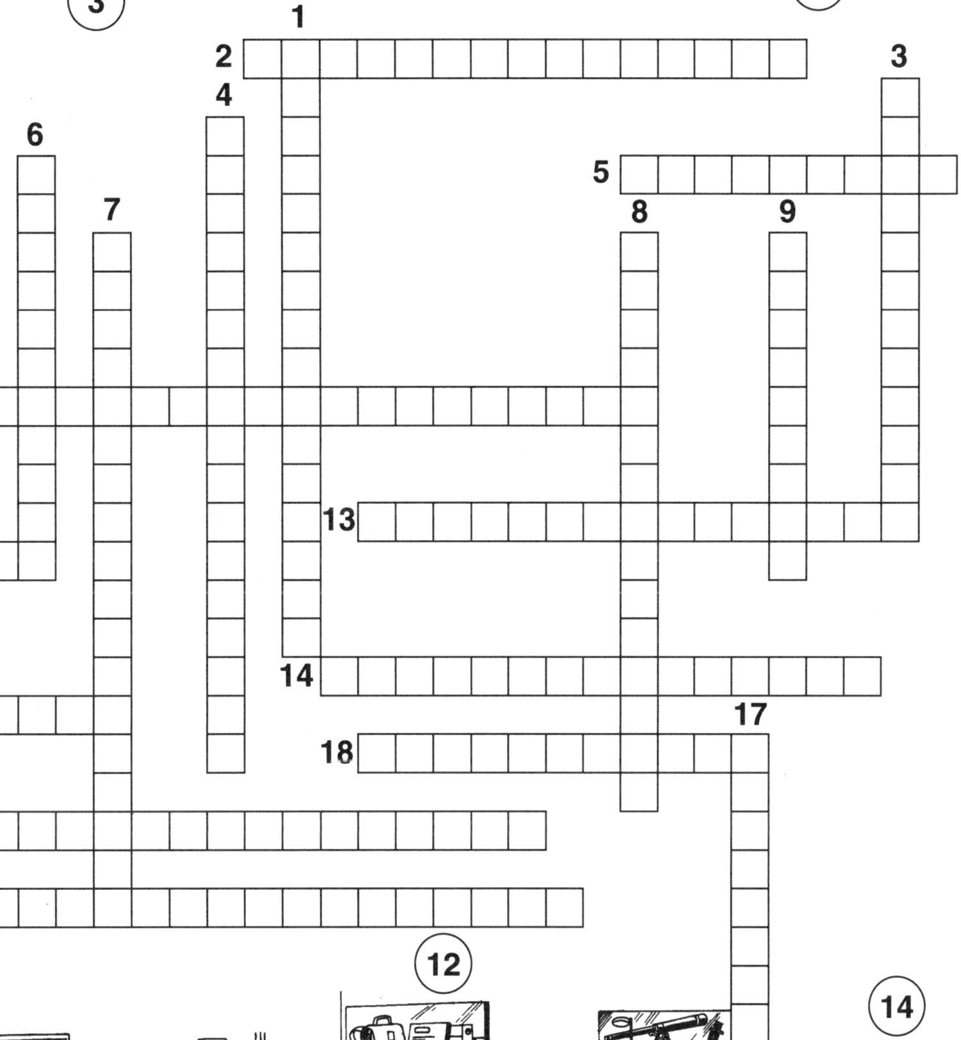

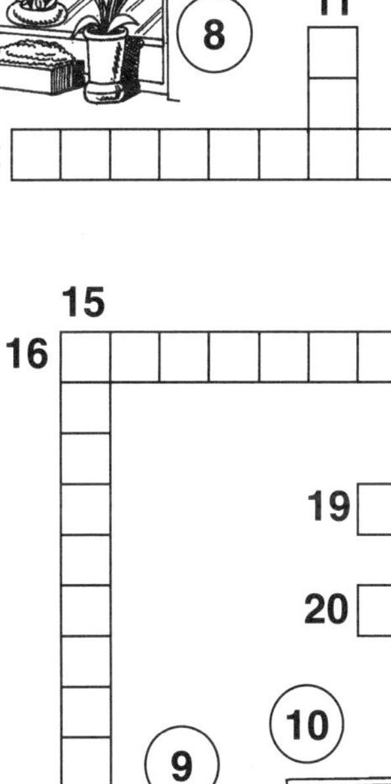

9

10
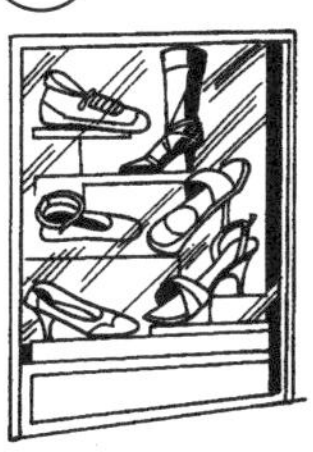

11

12

13

14

15

16
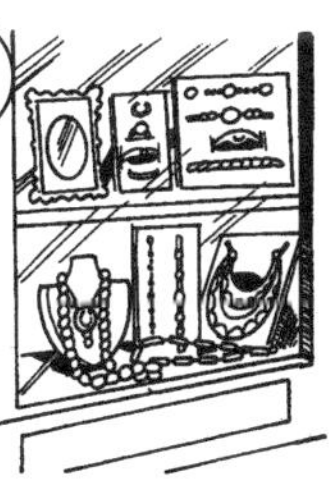

17

18

19

20

LA MAISON

le plafond

le mur

la cheminée

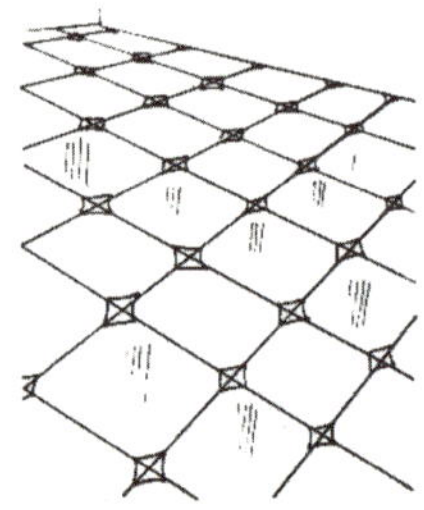

le carrelage

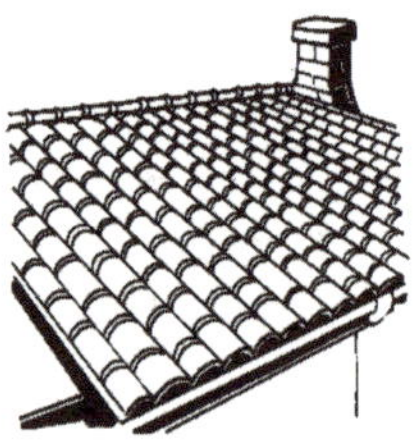

le toit

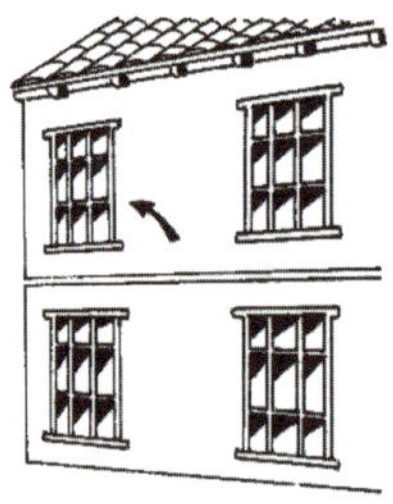

la fenêtre

la porte

le portail

la chambre

la salle de séjour

la cuisine

la salle de bains

l'entrée

les m

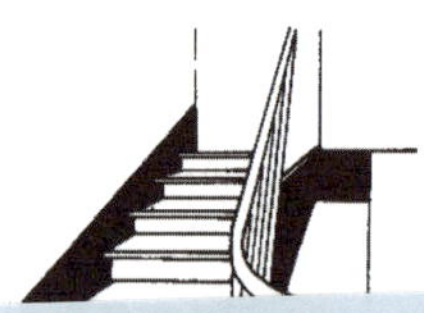

l'immeuble

la maison

l'appar

30 + 31 x 5

le jardin

1

2

3

4

5

6

7

8

9

10

1

2

3

4

5

6

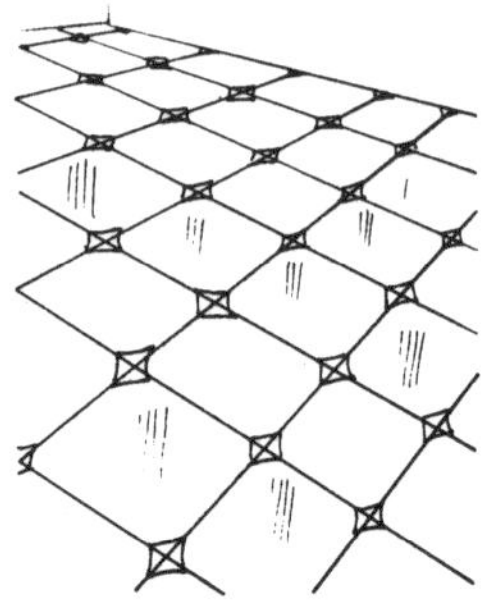

7

8

9

10

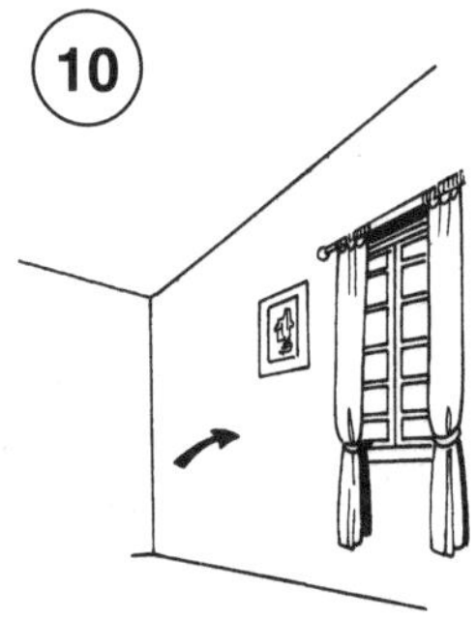

1

2

3

4

5

6

7

8

9

10

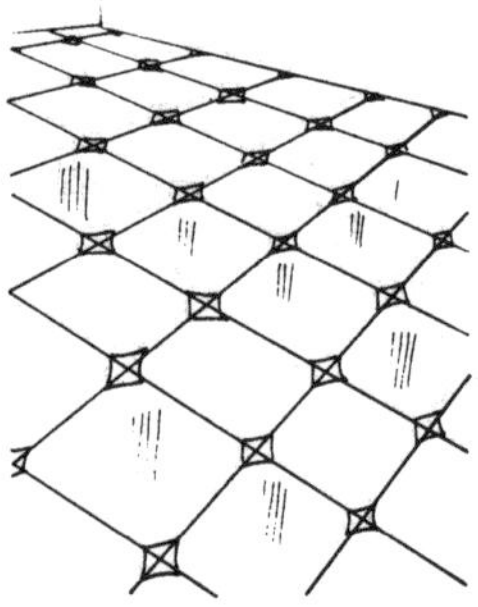

1

2

3

4

5

6

7

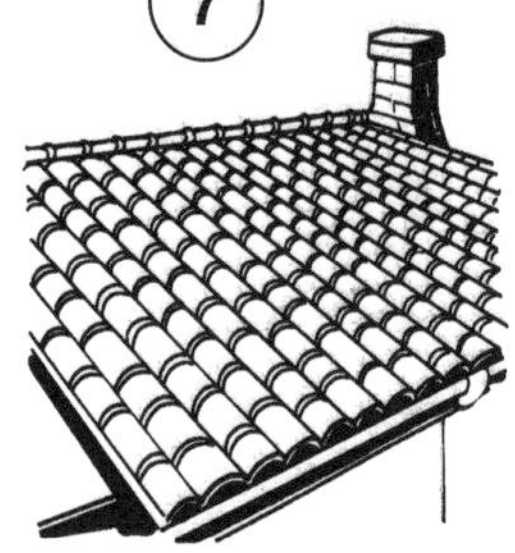

8

9

10

LA MAISON

1

2

3

4

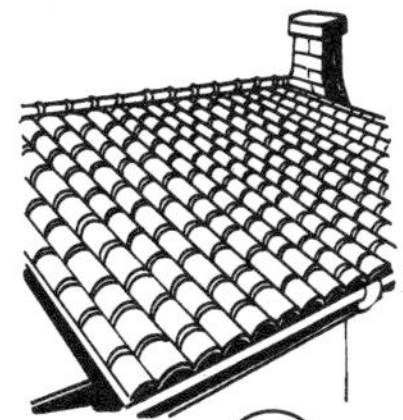
5

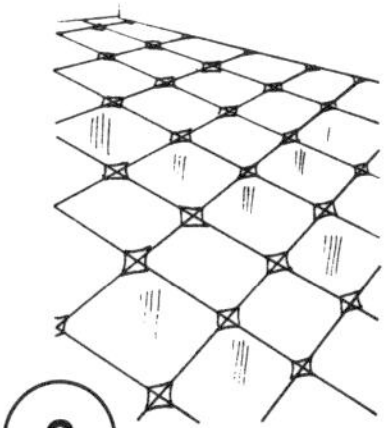
6

7

8

9

10

11

13

14

12

15

16

17

18

19

20

À LA MAISON

le lit

l'armoire

le réveil

le téléviseur

le fauteuil

le divan

la table

la chaise

le coussin

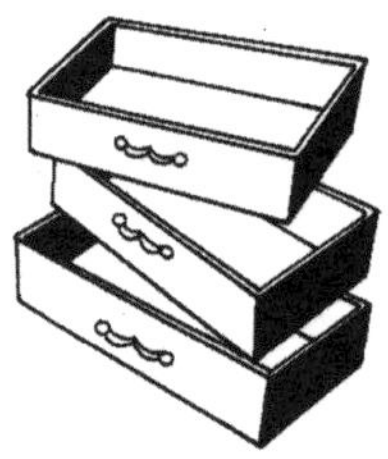

les tiroirs

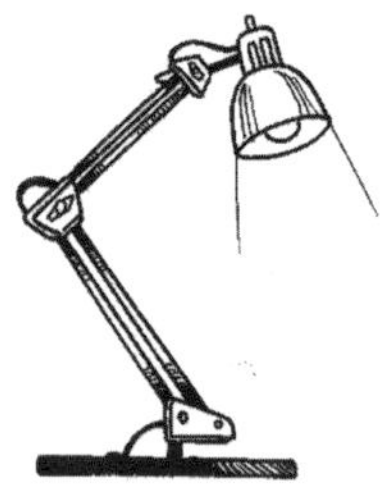

la lampe

le tableau

le réfrigérateur

la machine à laver

le lavabo

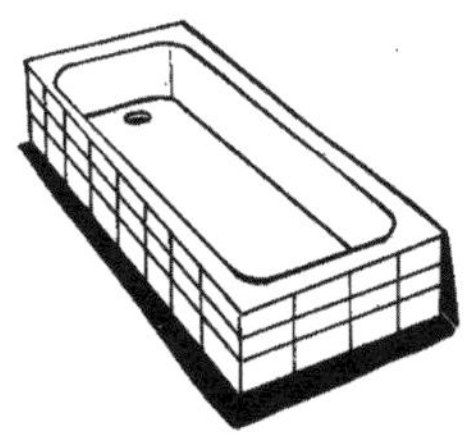

la baignoire

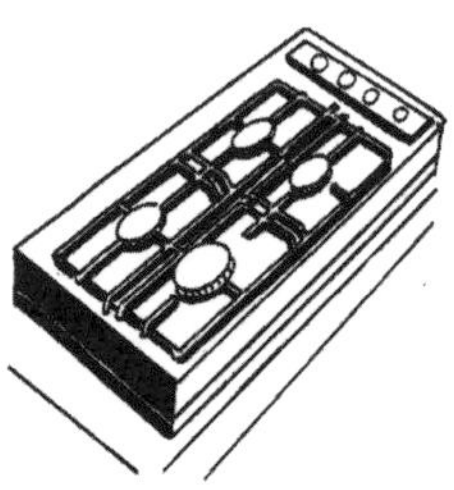

la plaque de cuisson

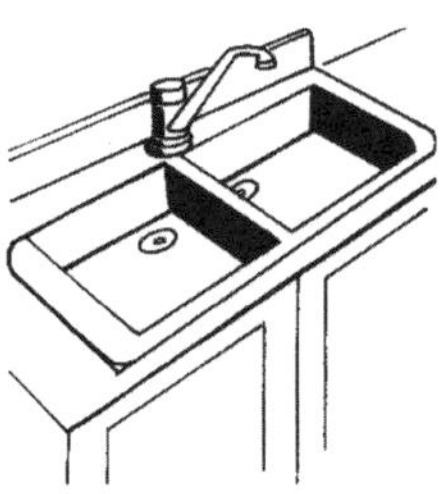

l'évier

le robinet

le miroir

À LA MAISON

1

2

3

4

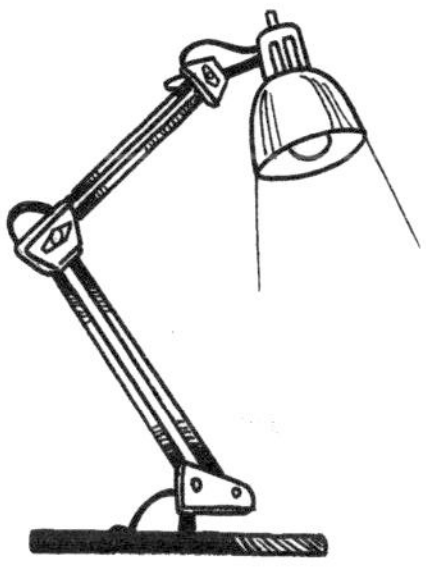

5

6

7

8

9

10

À LA MAISON

1

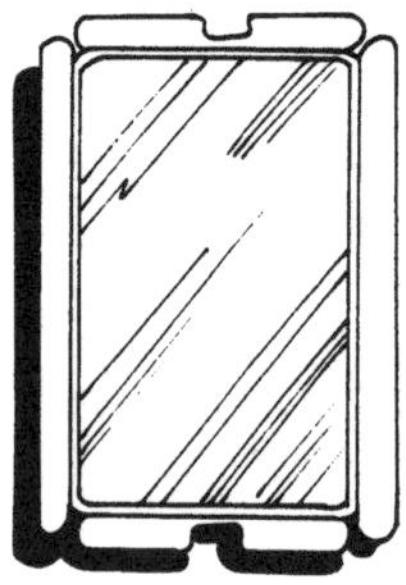

2

3

4

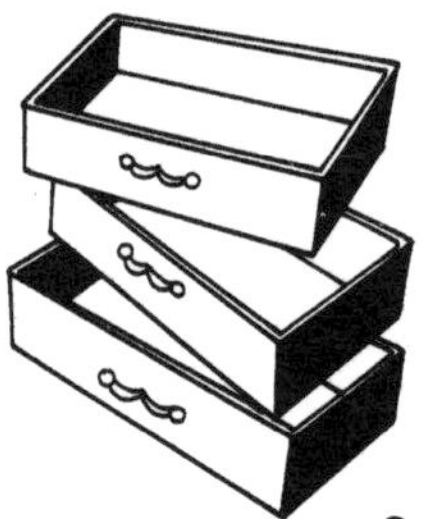

5

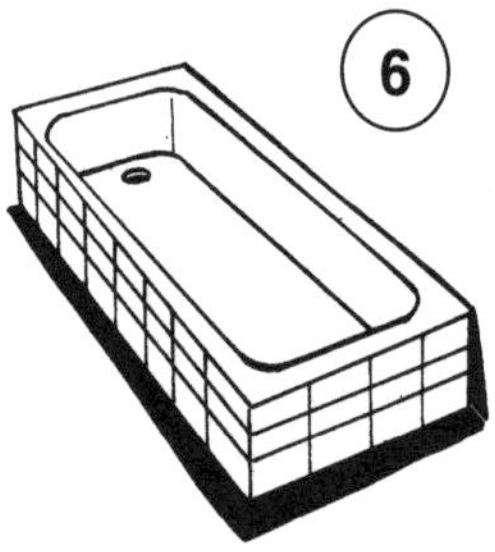

6

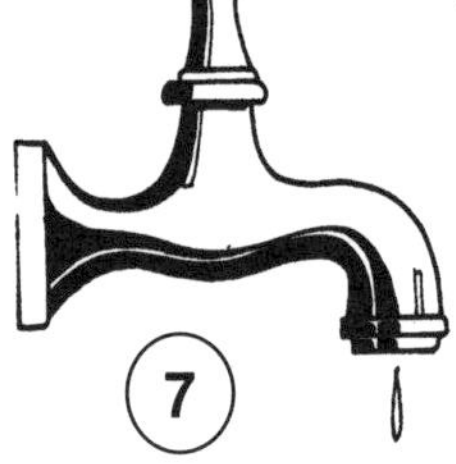

7

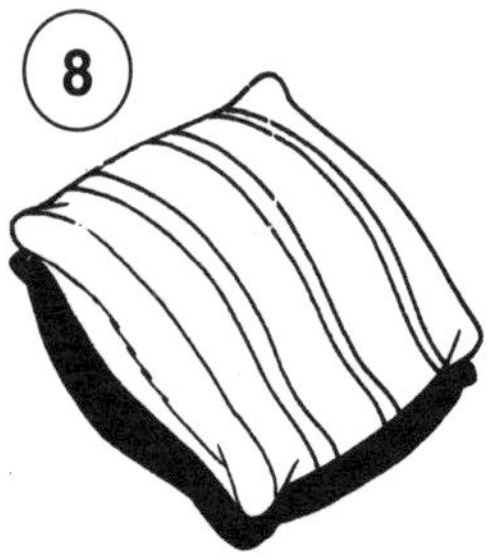

8

9

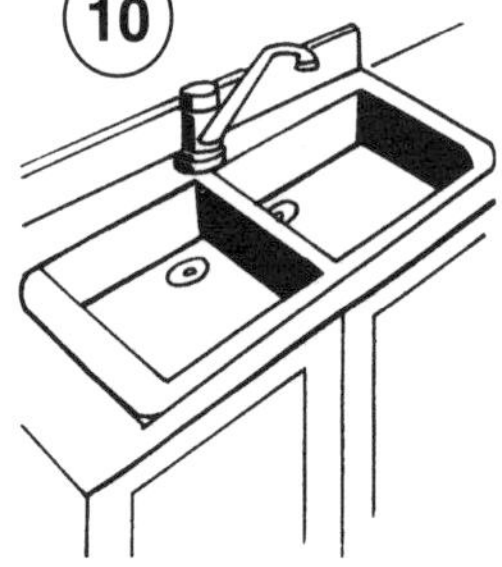

10

À LA MAISON

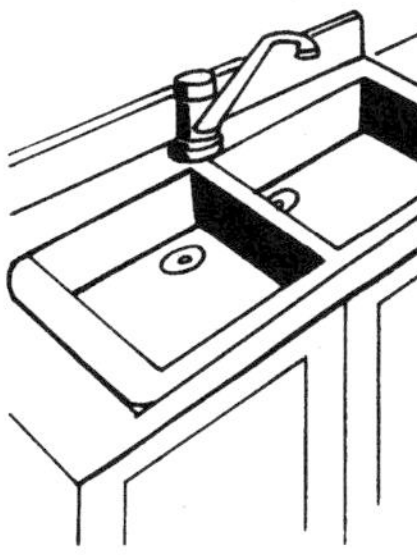

1

2

3

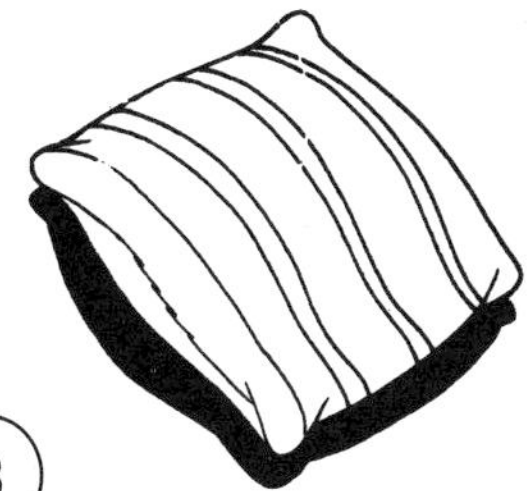

4

5

6

7

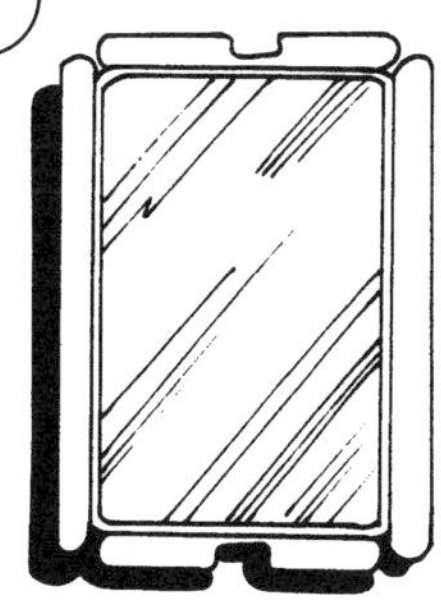

8

9

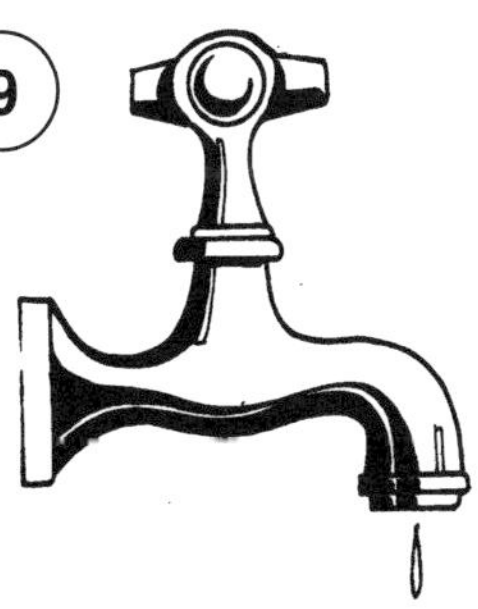

10

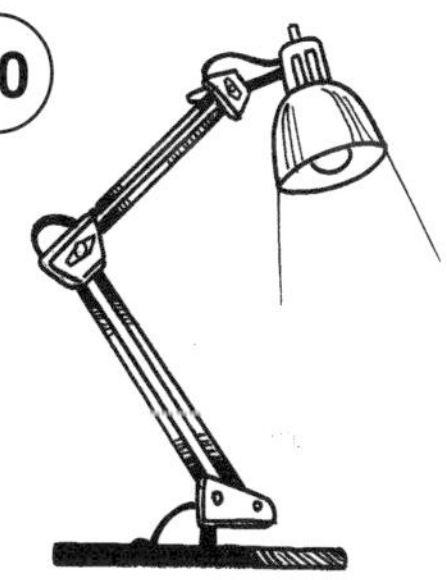

À LA MAISON

1

2

3

4

5

6

7

8

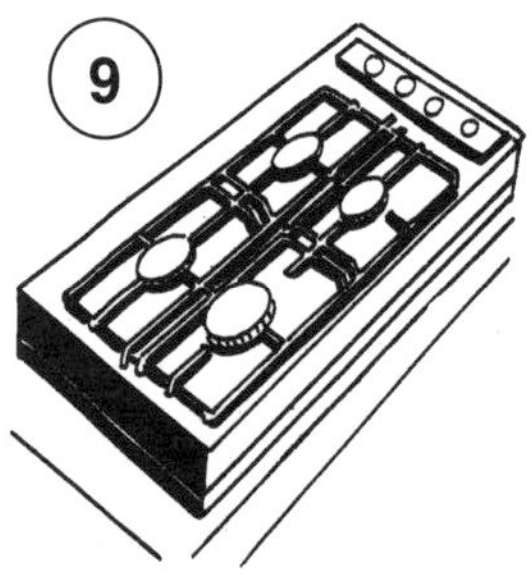
9

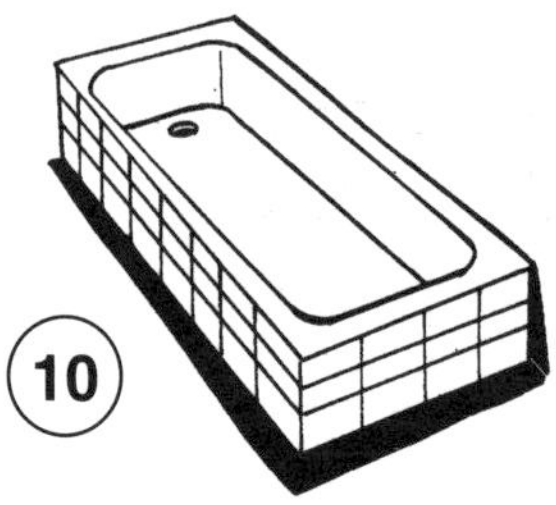
10

À LA MAISON

1

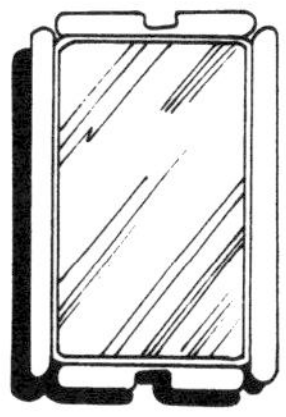
2

3

4

5

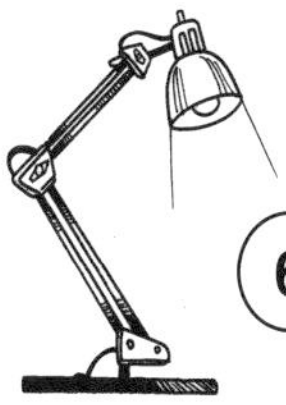
6

7

8

9

10

11

12

13

14

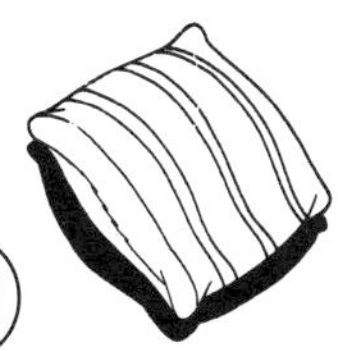
15

16

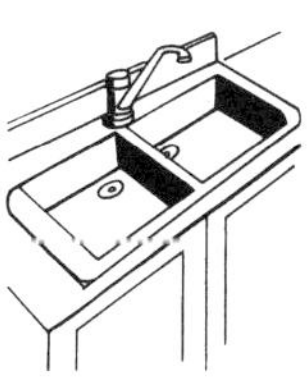
17

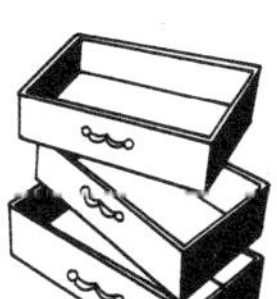
18

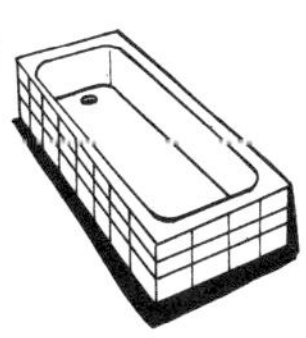
19

20

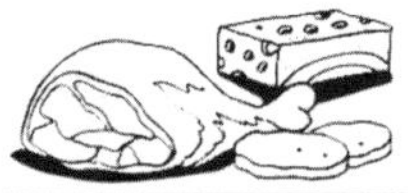

LES ALIMENTS

le café

le thé

le lait

le pain

les biscuits

la viande

le poisson

le poulet

le fromage

les saucisses

les œufs

les pâtes

la glace

le riz

l'eau

le sucre

la soupe

le jus de fruits

le beurre

la confiture

LES ALIMENTS 1

1

2

3

4

5

6

7

8

9

10

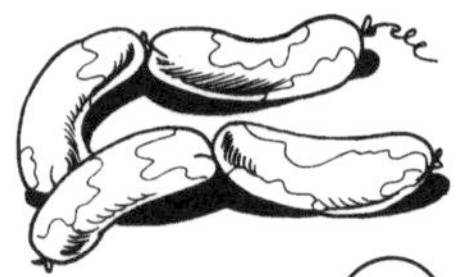

1

2

3

4

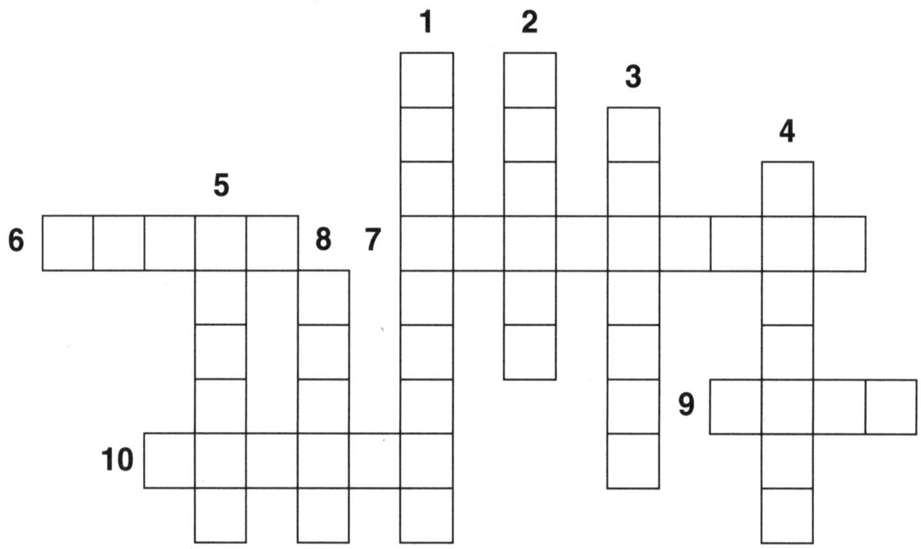

5

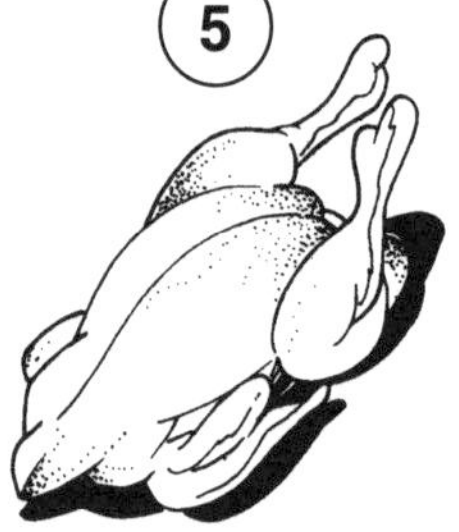

6

7

8

9

10

1

2

3

4

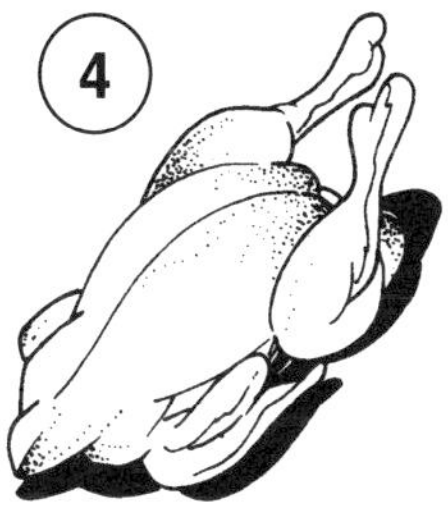

5

6

7

8

9

10

1

2

3

4

5

6

7

8

9

10

LES ALIMENTS

1

2

3

4

5

6

7

8

9

10

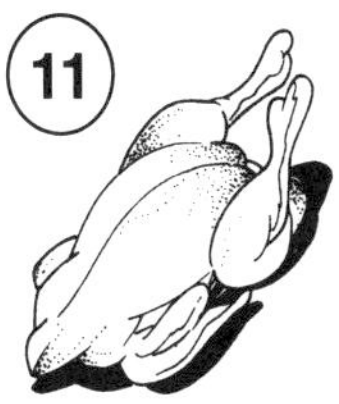
11

12

13

14

15

16

17

18

19

20

FRUITS ET LÉGUMES

la pomme

la poire

le raisin

la fraise

la pêche

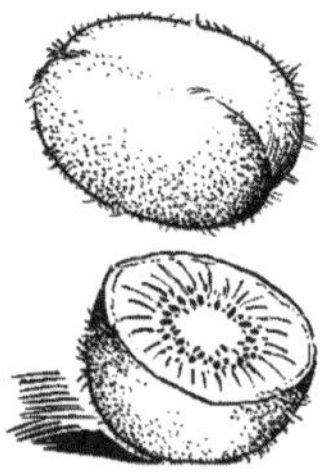

le kiwi

l'orange

le citron

le melon

la banane

l'ananas

la pastèque

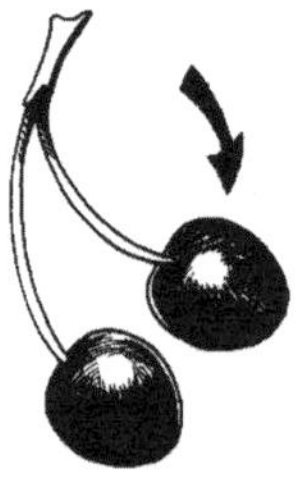

la cerise

le chou-fleur

la pomme de terre

la tomate

l'oignon

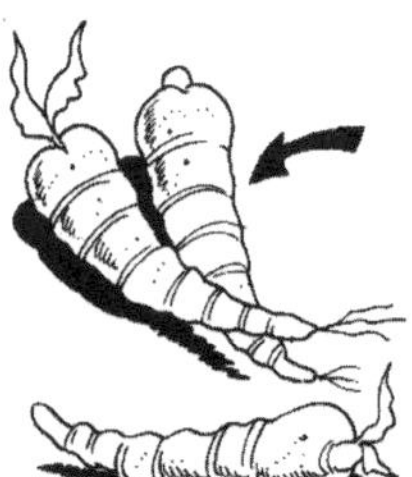

la carotte

les petits-pois

le champignon

FRUITS ET LÉGUMES 1

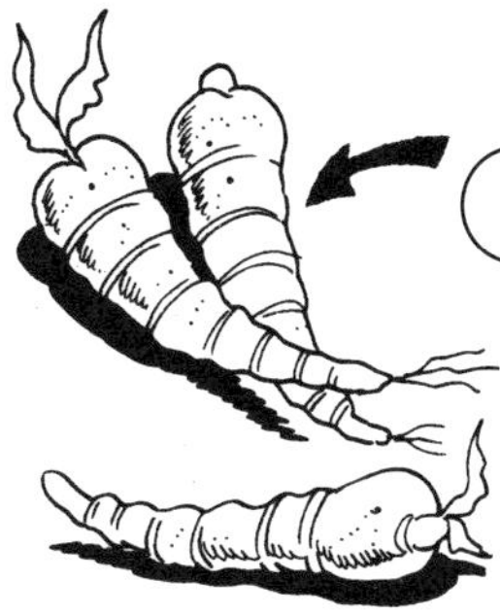
1

2

3

4

5

6

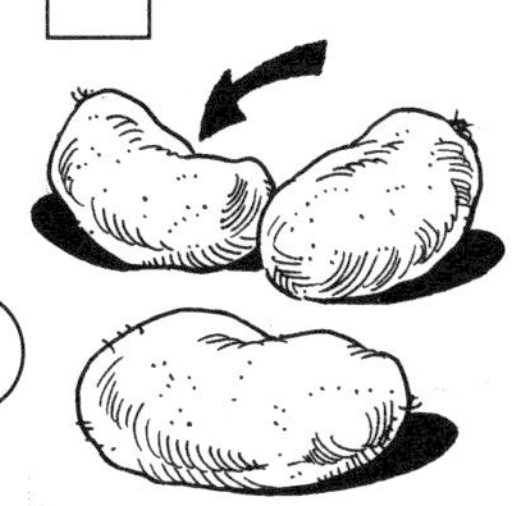
7

8

9

10

FRUITS ET LÉGUMES

1

2

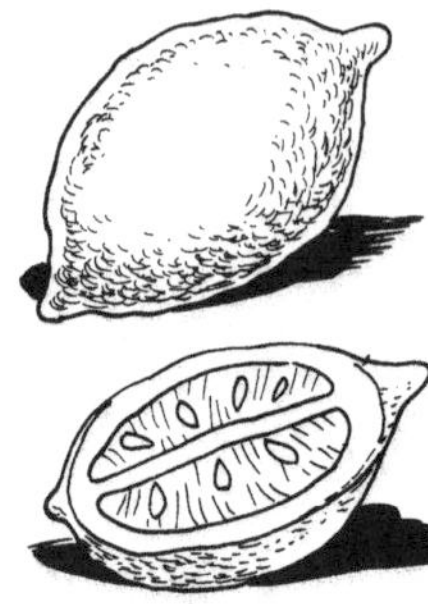

3

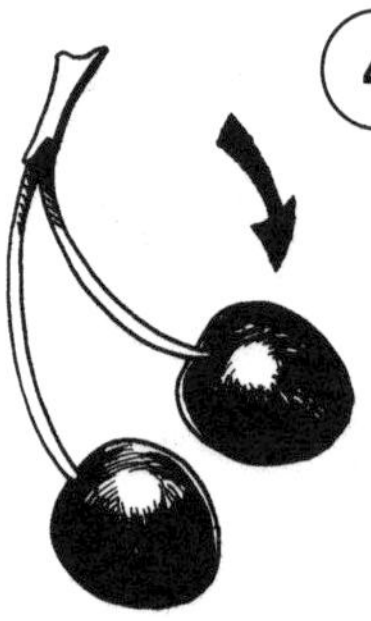

4

5

6

7

8

9

10

FRUITS ET LÉGUMES

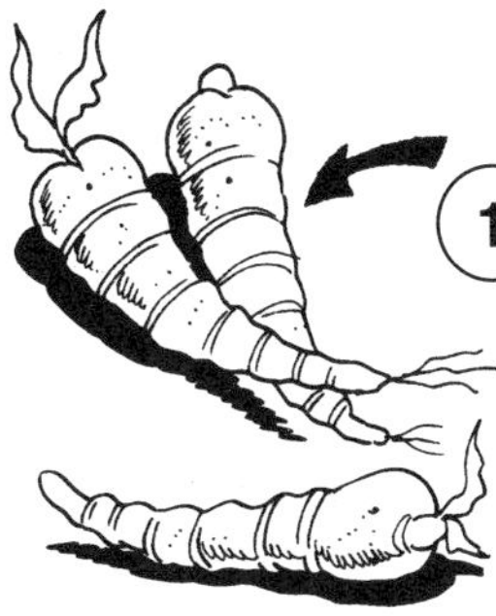

1

2

3

4

5

6

7

8

9

10

FRUITS ET LÉGUMES

2

3

1

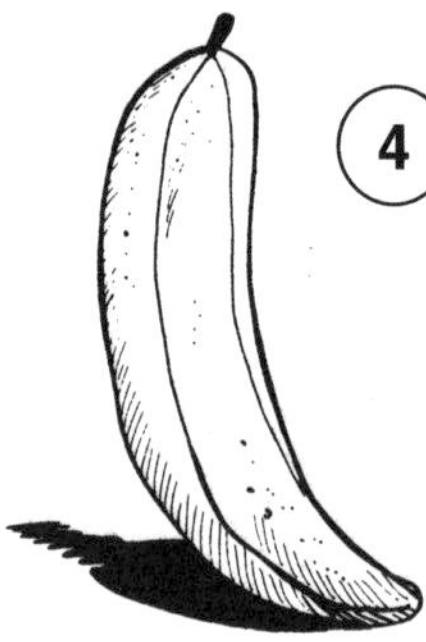

4

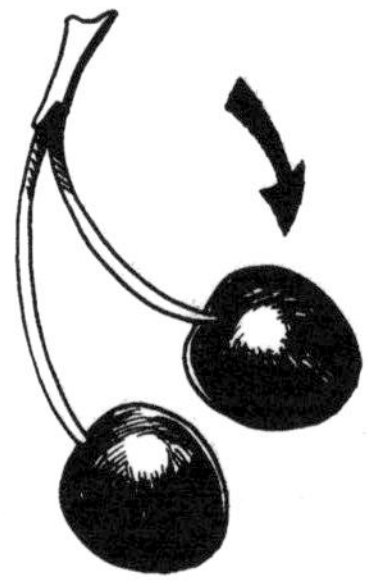

5

6

7

8

9

10

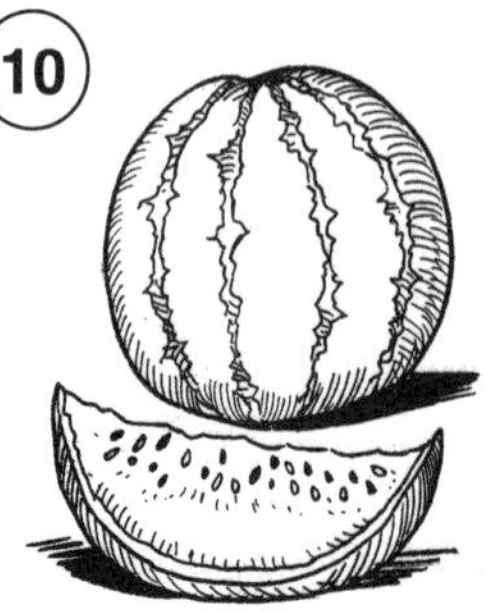

FRUITS ET LÉGUMES

1

2

3

4

5

6

7

8

9

10

11

12

13

14

15

16

17

18

19

20

LES VÊTEMENTS

la robe

la jupe

la chemise

le pull-over

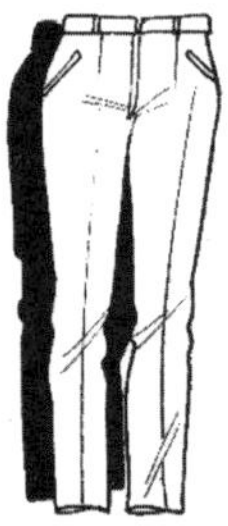

le pantalon

le blouson

le manteau

l'écharpe

le short

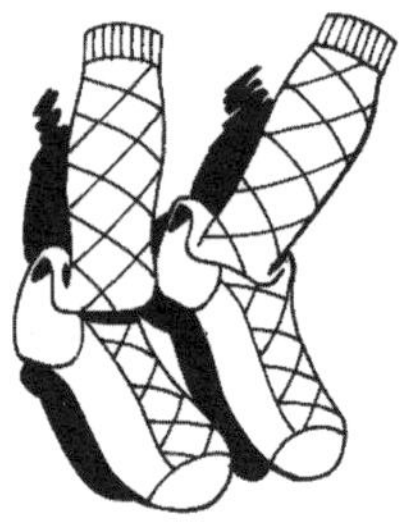

les chaussettes

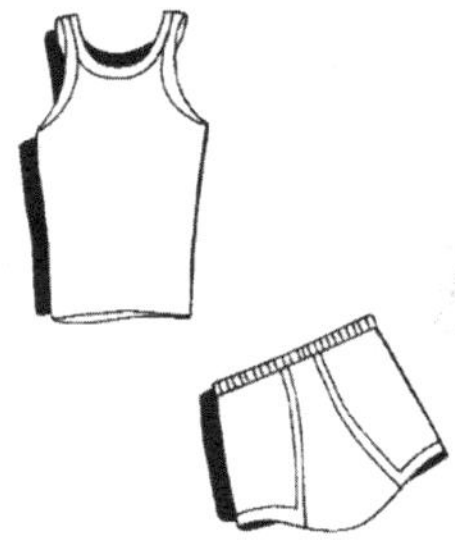

les sous-vêtements

le tee-shirt

les chaussures

les mules

les sandales

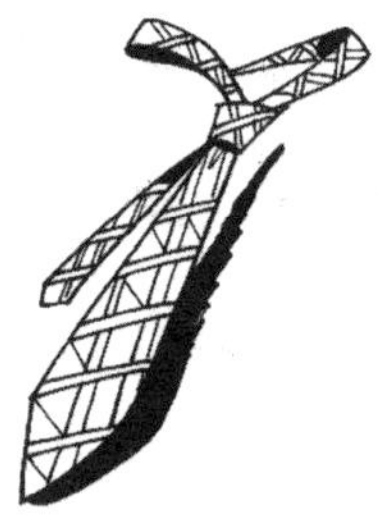

la cravate

le pyjama

les gants

les bottes

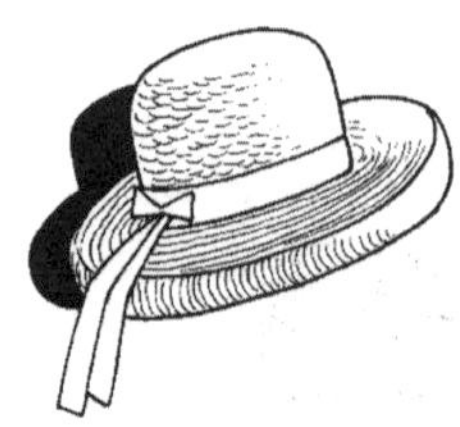

le chapeau

LES VÊTEMENTS

1

2

3

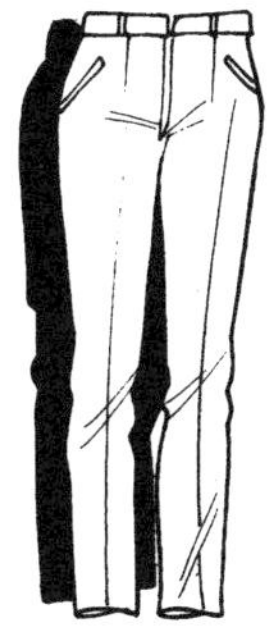

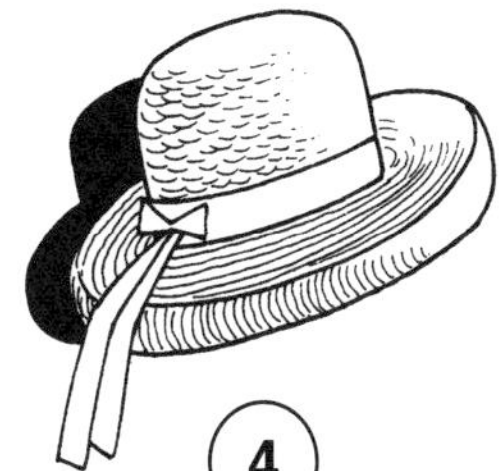

4

5

6

7

8

9

10

1

2

3

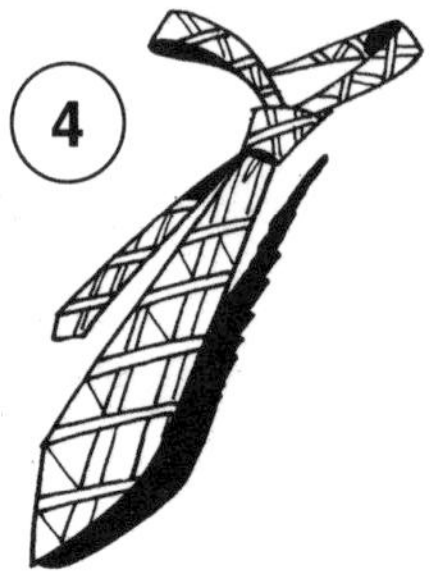

4

5

6

7

8

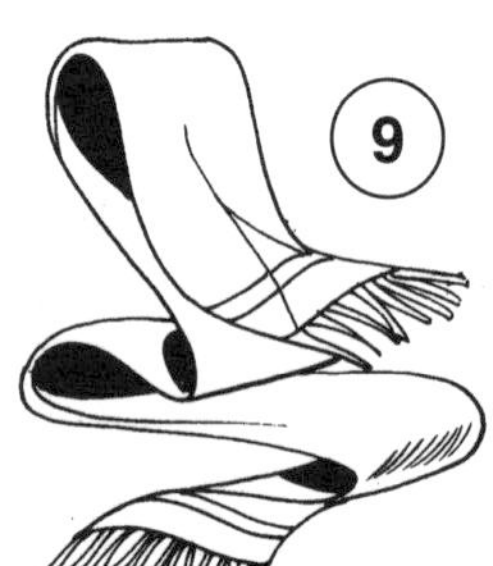

9

10

1

2

3

4

5

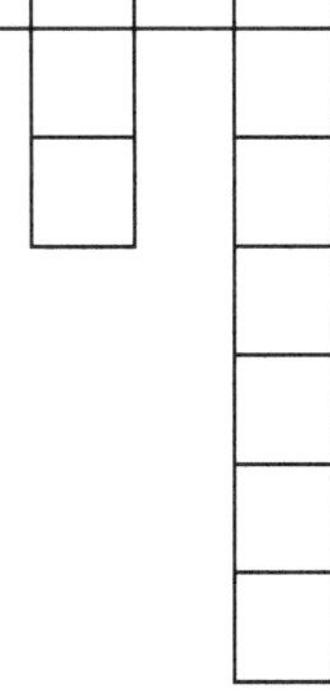

6

7

8

9

10

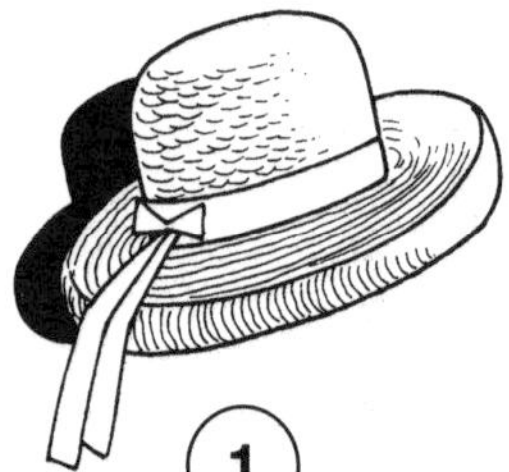

1

2

3

4

5

6

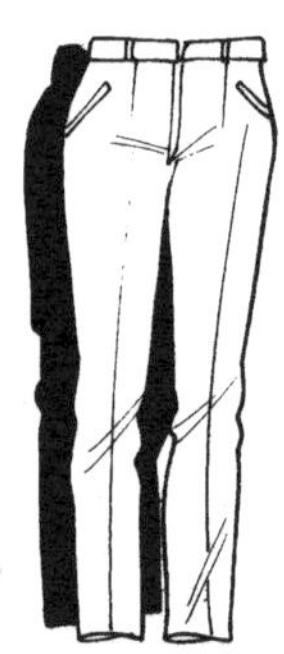

7

10

8

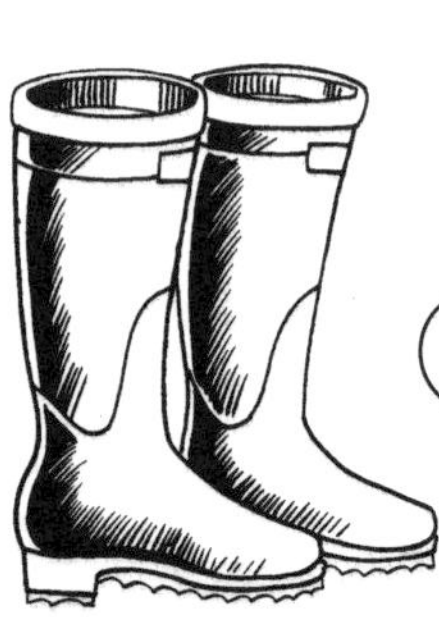

9

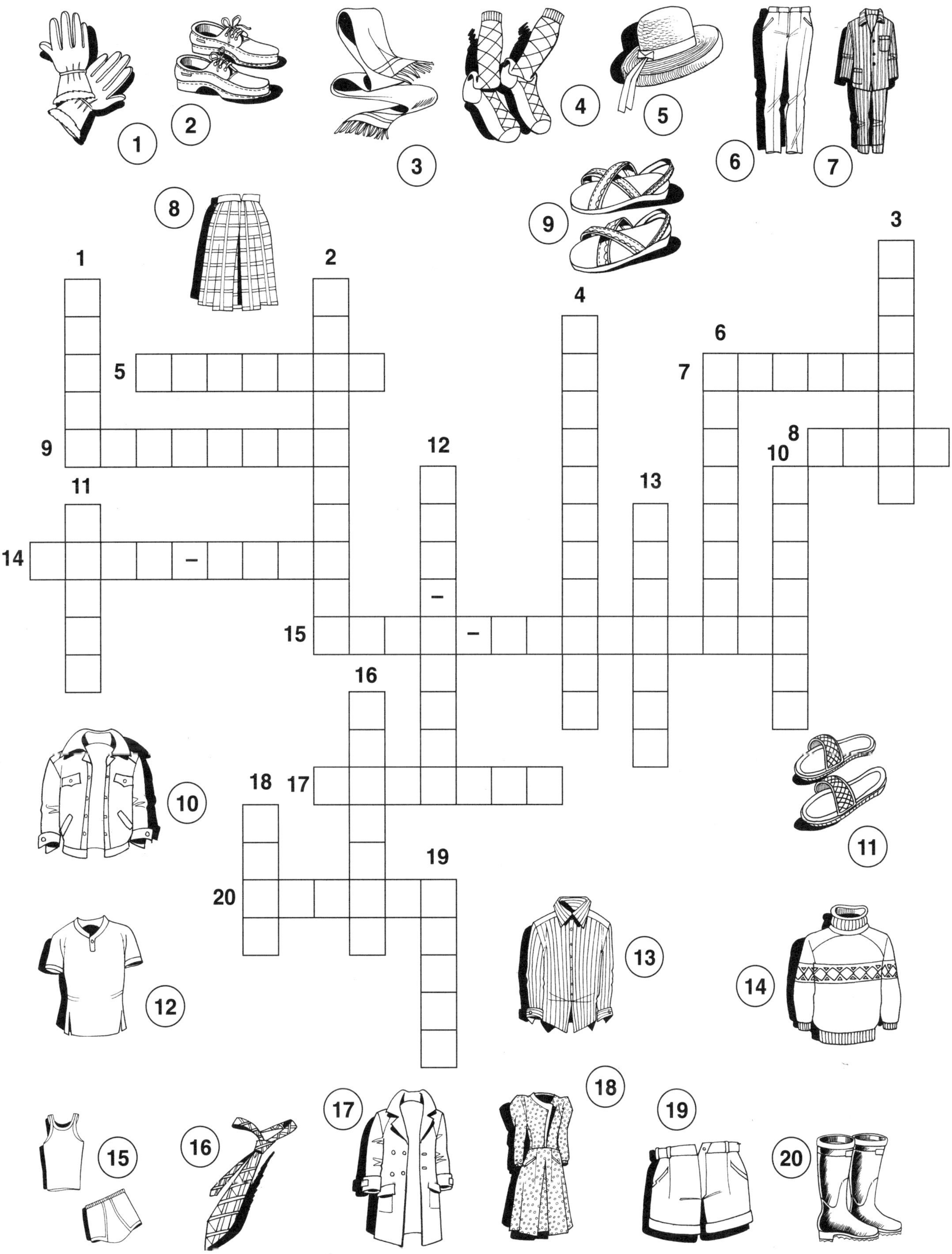

LES SPORTS

la course

le saut en hauteur

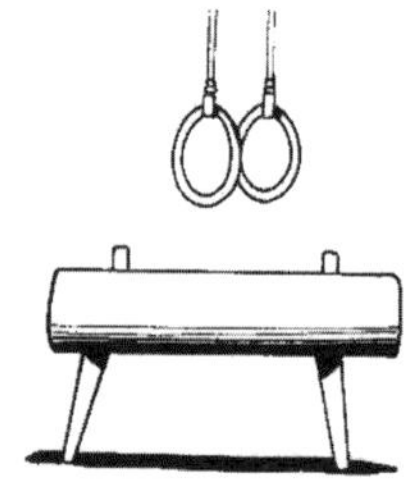
la gymnastique

le judo

l'équitation

le cyclisme

l'escrime

le patinage

la natation

le canoë

la voile

le ski nautique

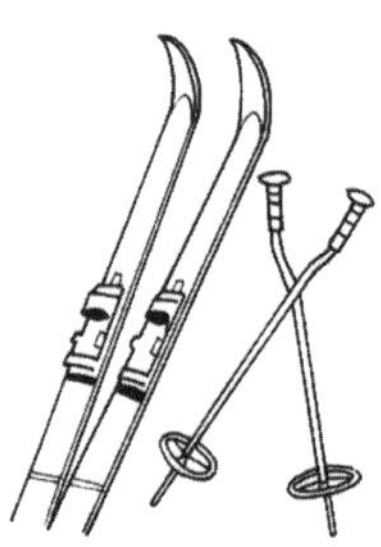
le ski

le football

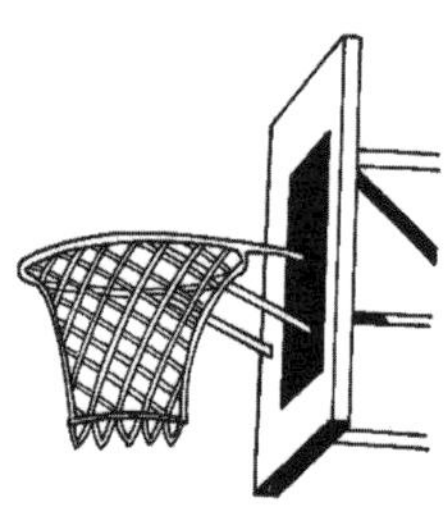
le basket

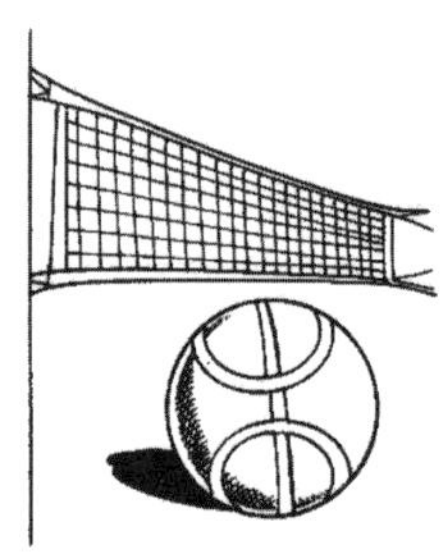
le volley

le base-ball

le tennis

le golf

le ping-pong

LES SPORTS 1

1

2
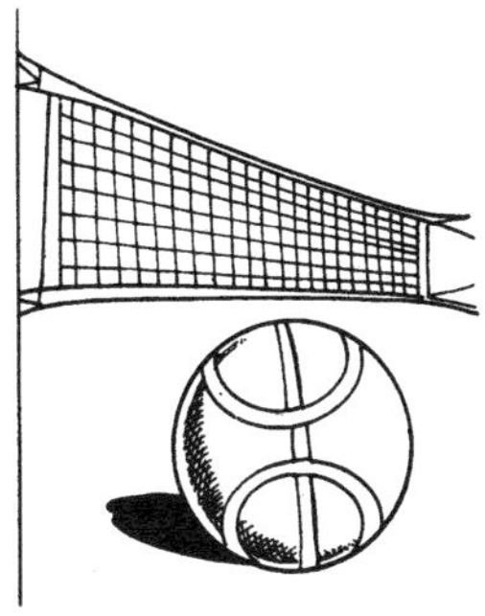

3

4

5
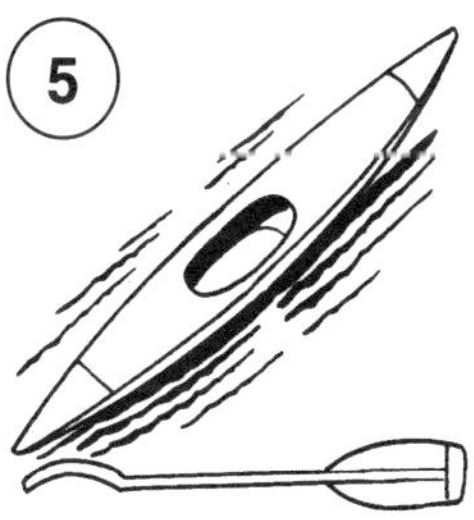

6
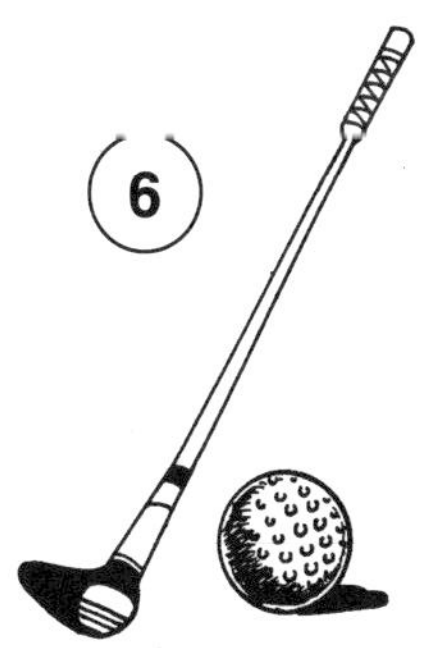

7
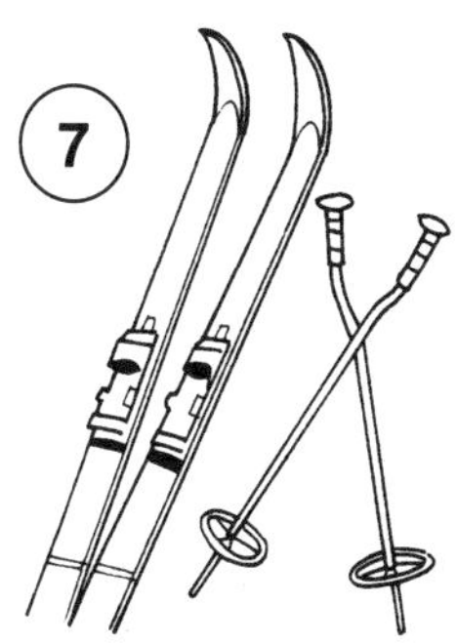

8

9
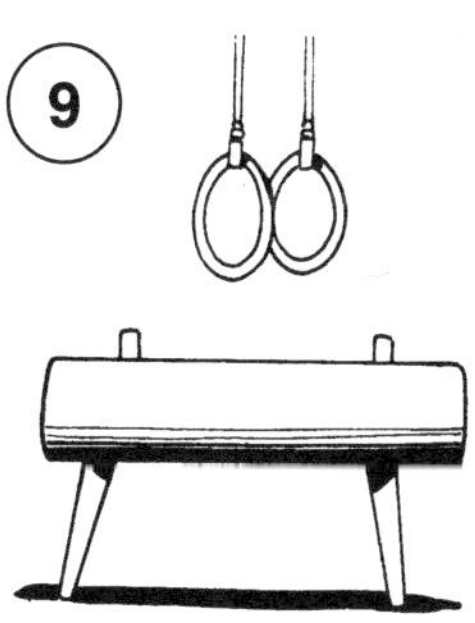

10

1

2

3

4
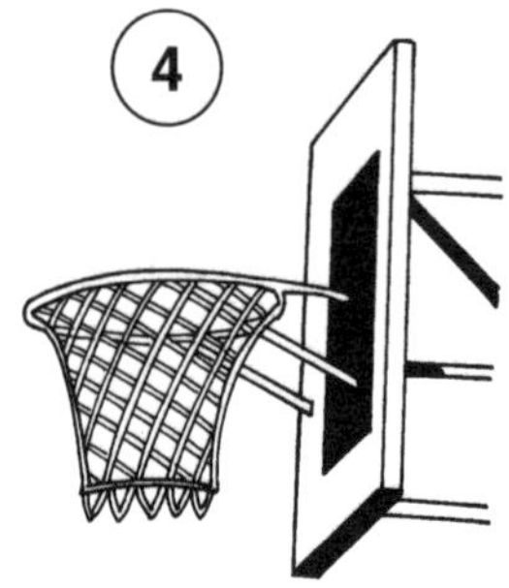

5

6

7

8

9

10

LES SPORTS

1

2

3

4

5

6

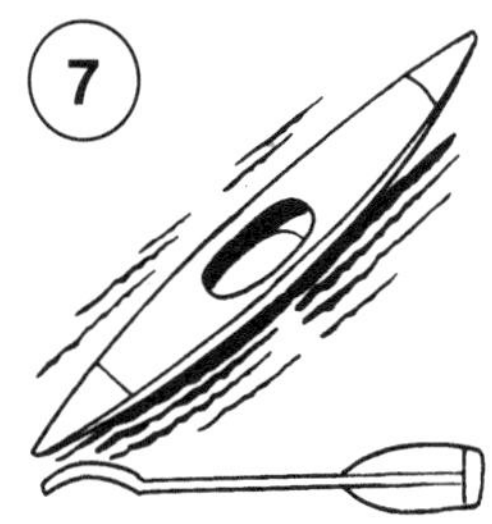

7

8

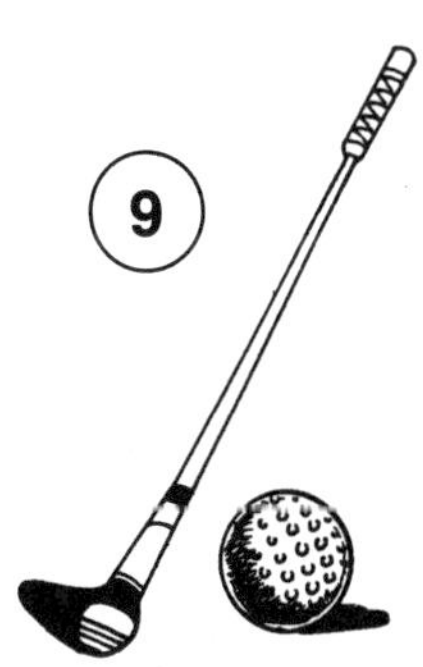

9

10

LES SPORTS

1

2

3

4

5

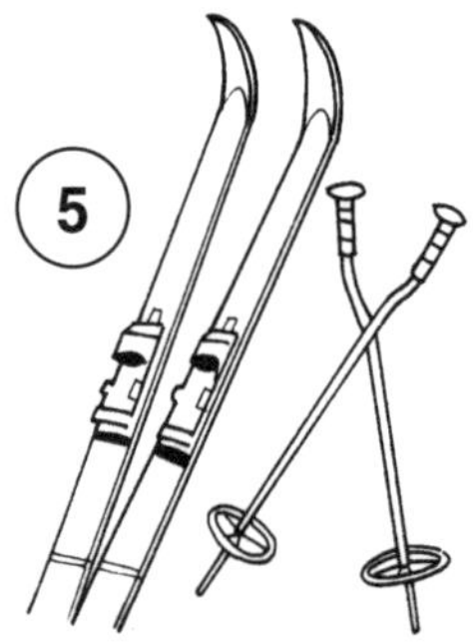

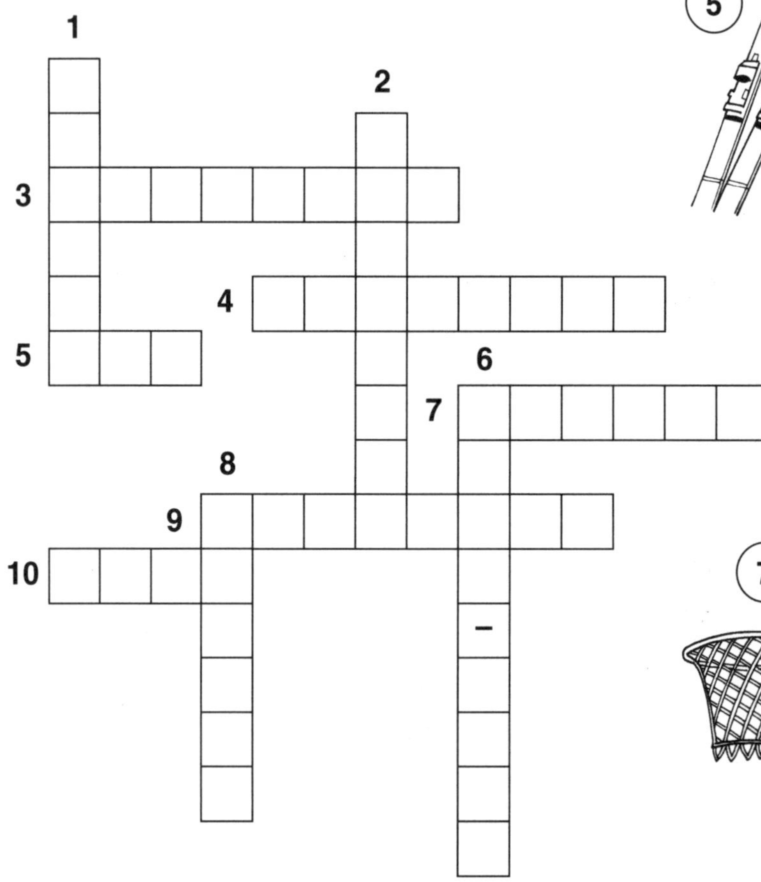

6

7

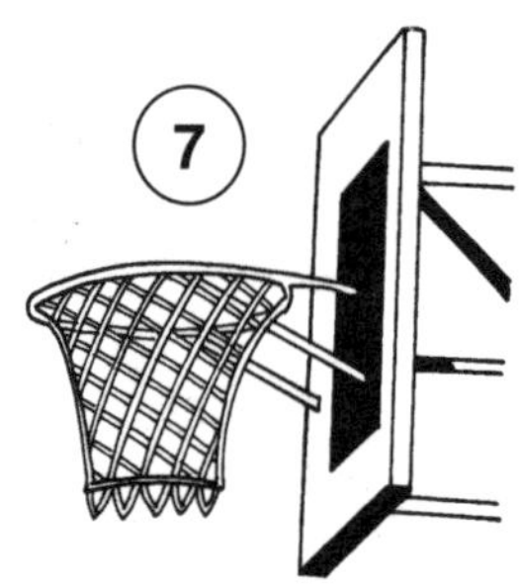

8

9

10

LES SPORTS

1

2
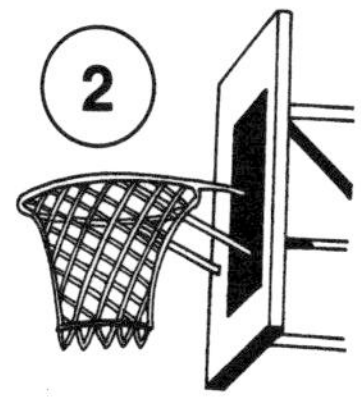

3

4

5
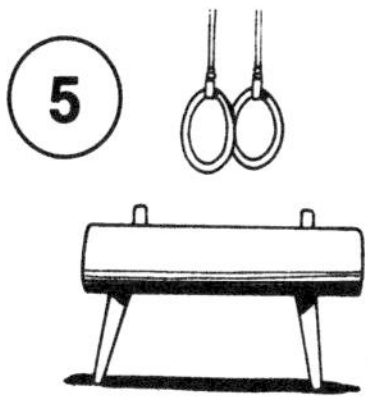

6

7
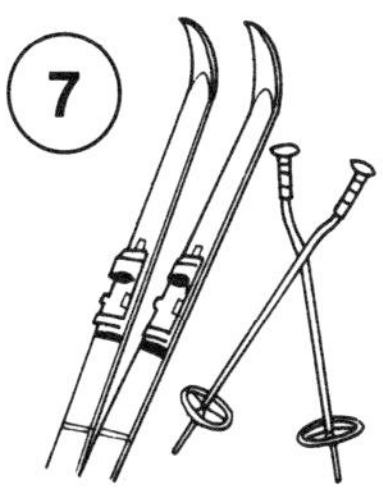

8

9

10

11

12

13

14

15

16

17

18
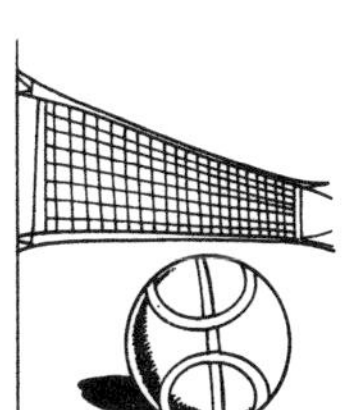

19

20

LES VERBES

descendre

monter

regarder

manger

dormir

entrer

sortir

boire

écrire

lire

chanter

aimer

penser

dessiner

parler

écouter

téléphoner

marcher

pleurer

rire

1
2
3
4
5
6
7
8
9
10

LES VERBES

2

LES VERBES

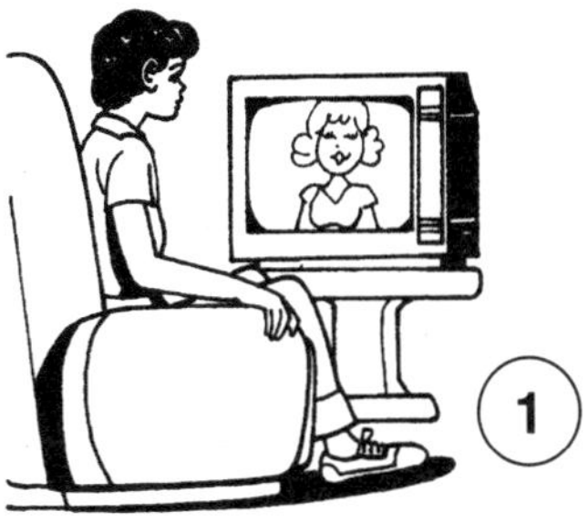
1

2

3

4

5

6

7

8

9

10

LES VERBES

LES VERBES

1

2

3

4

5

6

15

16

17

18

19

20

LES ADJECTIFS

rapide

lent

chaud

froid

droit

gauche

grand

petit

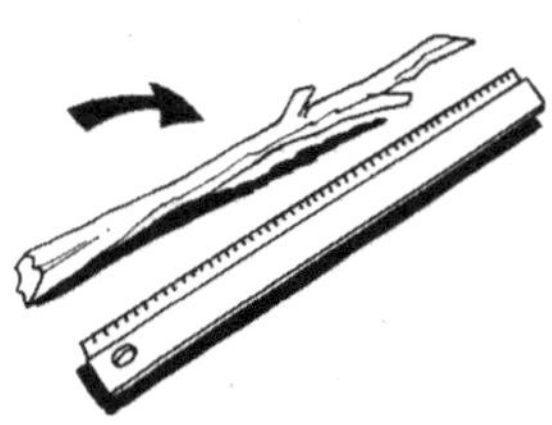
long

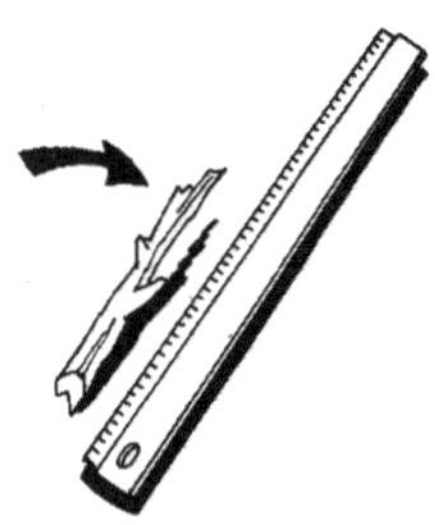
court

gros

maigre

bon

mauvais

beau

laid

neuf

vieux

plein

vide

1

2

3

4

5

6

7

8

9

10

1
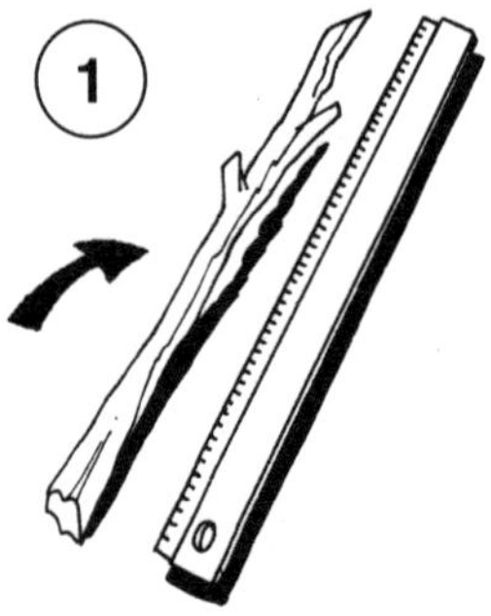

2

3

4

5

6
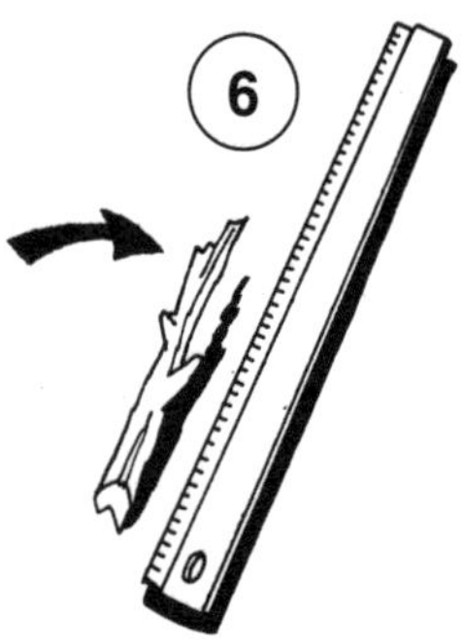

7

8

9

10

LES ADJECTIFS 3

1

2

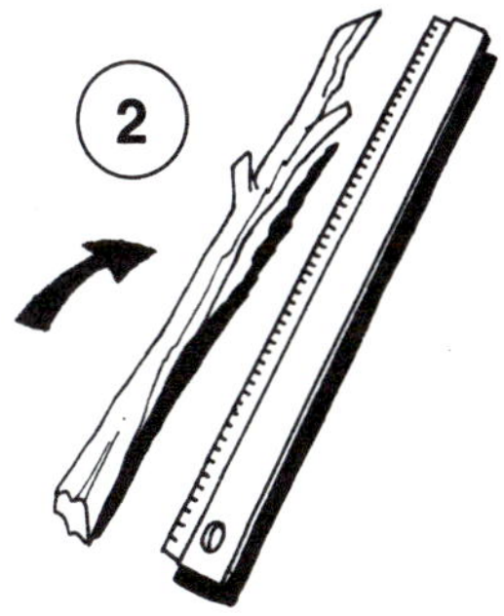

3

4

5

6

7

8

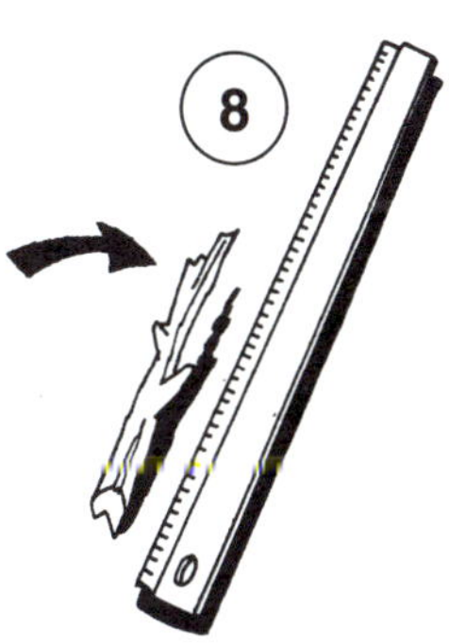

9

10

1

2

3

4

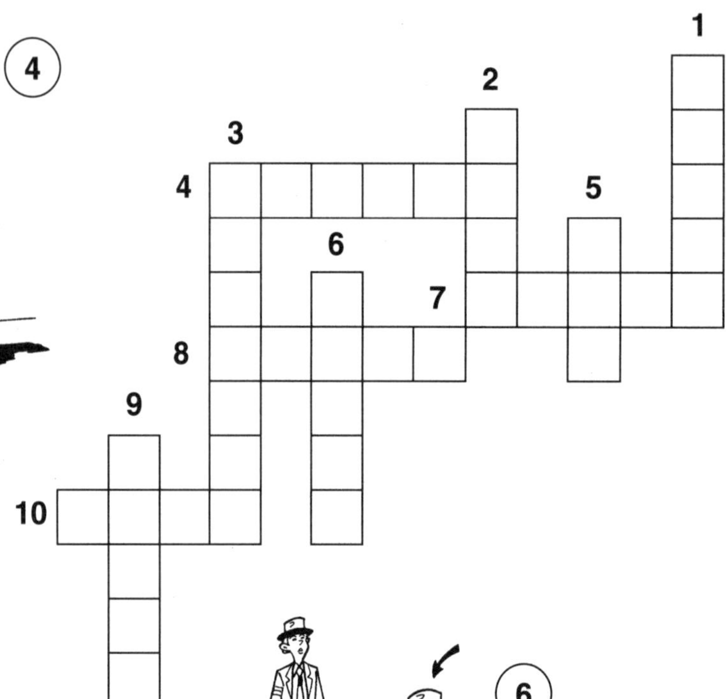

5

6

7

8

9

10

LES ADJECTIFS

INDEX ALPHABÉTIQUE DES MOTS

